Ansichten von innen:
Als Nazi, Rocker,
Ladendieb und
strammer Katholik
unterwegs

Gerhard Kromschröder, 1941 in Frankfurt/M. geboren,
studierte Germanistik, Soziologie und Kunstgeschichte.
Redakteur verschiedener Tageszeitungen, dann viele Jahre bei Pardon.
Seit 1979 Reporter beim Stern. Spezialisiert auf Rollenreportagen,
bei denen er mit wechselnden Namen und wechselnden Adressen
Organisationen von innen ausforscht.
Buchveröffentlichungen (zusammen mit Nikolaus Jungwirth):
Das Gesicht des Verbrechens (1976), Die Pubertät der Republik (1978),
Ein deutscher Platz (1980), Vorher — nachher (1981).

Gerhard Kromschröder

Ansichten von innen:

Als Nazi, Rocker, Ladendieb und strammer Katholik unterwegs

Deutsche Reportagen

Eichborn Verlag

Für Rainer, der aus der
Neonazi-Szene ausgestiegen ist

Fotos: Regis Bossu, Axel Carp, Mabel Cromwell,
Klaus Drinkwitz, Werner Ebeler, Dr. Jürgen Gebhardt,
Lenni George, Calle Hesslefors, Nikolaus Jungwirth,
Gerhard Kromschröder, Klaus Meyer-Andersen,
Mihaly Moldvay, Herbert Peterhofen, Aloys Spill,
Peter Thomann, Inge Werth
Gerd-Eckard Zehm, Günter Zint, Heinz Zurborg

CIP-Kurztitelaufnahme der Deutschen Bibliothek

Kromschröder, Gerhard:
Ansichten von innen: Als Nazi, Rocker,
Ladendieb und strammer Katholik unterwegs /
Gerhard Kromschröder. – Frankfurt am Main: Eichborn, 1982.
(Deutsche Reportagen)
ISBN 3-8218-1102-1

Eichborn Verlag
Februar 1982
Umschlaggestaltung: Wolfgang Pfankuch unter Verwendung
eines Fotos von Herbert Peterhofen
Diese Reportagen sind zuerst im Stern bzw. in Pardon erschienen
und wurden für diesen Band überarbeitet bzw. ergänzt.
Produktion: Klaus Langhoff, Friedrichsdorf
© für die Buchausgabe: 1982, Vito von Eichborn GmbH & Co.
Verlag KG, Frankfurt am Main
Gesamtherstellung: Fuldaer Verlagsanstalt GmbH
ISBN 3-8218-1102-1

INHALT

»Kosmischer Sturm aus dem All« – Bunkerbesitzer Friedel Jochem (rechts) läßt seinen Sohn Erhard die Sonnenflecken beobachten

Probealarm mit Marienstatue – Jochem mit Gerhard Kromschröder bei einer Übung in seinem »neutronenbombensicheren« Atombunker

Ab in den Bunker

Ich bin Mitglied Nummer 557 der »Bürgerinitiative Selbstschutz vor dem Atomtod e. V.«. Damit gehöre ich, wie mir mein Bundesvorsitzender Johannes Hammer versichert, »unter Millionen Deutschen zum exklusiven Kreis jener, die einen Atomschlag überleben werden«.

Wer schon einen privaten Bunker besitzt, läßt sich nur höchst ungern in die eigenen vier Betonwände gucken. »Wenn Sie bauen, halten Sie das ja vor Ihren Nachbarn geheim«, sagt Johannes Hammer beschwörend, »sonst stürmen die bei Alarm den mit Ihrem sauer verdienten Geld gebauten Bunker. Das wäre ja eine Fehlinvestition, wenn da fremde Leute überlebten.«

Mein Aufstieg in die »verschworene Gemeinschaft der privaten Schutzraumfreunde« (Hammer) beginnt bei der Wanderausstellung »Schutzraumbau — Konstruktion und Nutzung« des »Bundesverbandes für den Selbstschutz (BVS)« in Braunschweig. Ich frage: Wie kann ich für den Ernstfall vorsorgen? »Das ist alles halb so schlimm bei einem Atomkrieg«, sagt der grauhaarige Herr Lerche vom BVS. »Gehen wir von folgendem Fall aus: Die Äpfel in Ihrem Garten sind verstrahlt — würden Sie einen solchen Apfel essen?«, fragt er mich.

»Um Gottes willen, nein«, sage ich entsetzt. »Falsch«, belehrt mich Herr Lerche, »Sie verlassen Ihr Haus in Ihrer ABC-Schutzkleidung — ABC steht für atomare, bakteriologische und chemische Kampfstoffe —, pflücken den Apfel und waschen ihn mit normalem Leitungswasser ab — und schon können Sie beruhigt reinbeißen. Sie sehen: Man muß nur mit der Radioaktivität umgehen können, dann verliert man die Angst davor.«

Um den Atomkrieg zu überleben, empfiehlt mir Herr Lerche als erste Investition den Kauf eines »ABC-Schutzanzuges« — bestehend aus schwarzer Gasmaske, plastikbeschichteter gelber Seglerjacke und Seglerhose, gelben Stiefeln und roten Handschuhen aus Gummi. »Den bekommen Sie bei der Firma Gerhard Kopp in Pfäffingen bei Tübingen, ebenso wie alles andere, was Sie sonst noch fürs Überleben brauchen.«

Gerhard Kopp ist gelernter Schreiner. 1979 hat er sich als »Schutzraumberater« selbständig gemacht. »Die weltpolitischen Krisen haben die Konjunktur kräftig angekurbelt«, sagt der 49 Jahre alte Schwabe.

Die Deutschen hätten bei einem Atomkrieg kaum Überlebenschancen. Nur für drei von hundert Bundesbürgern gibt es Platz in öffentlichen Bunkern. Die Angst vor dem Atomtod ist zu einem Bombengeschäft geworden. Immer mehr Hausbesitzer bauen sich ihre eigene Betonburg.

»80 Privatbunker habe ich schon gebaut«, sagt mir Gerhard Kopp stolz, »50 weitere werden demnächst fertig — angefangen von kleinen Familienbunkern bis zum großräumigen Atomschutzraum für ein ganzes Pferdegestüt am Neckar.«

Von den »Kugelbunkern«, die so aussehen wie ein Riesen-Öltank und fix und fertig angeliefert werden, hält Gerhard Kopp nicht viel: »Wenn da so ein rundes Monstrum auf einem Schwertransporter angekarrt und dann mit viel Aufwand in den Boden versenkt wird, da wissen die Nachbarn gleich: Aha, der baut sich einen Atombunker.« Gerhard Kopp baut Bunker lieber konventionell — aus Stahl und Beton und an Ort und Stelle. »Das fällt am wenigsten auf — besonders bei Neubauten, wenn eh' gebuddelt wird.«

Gerhard Kopp hat natürlich auch einen. Seit zwei Jahren. Über eine Wendeltreppe geht es in den Keller. Kopp öffnet die doppelt verriegelte »Drucktür« — »feuerhemmend und gasdicht«. Dahinter befindet sich die »Eingangsschleuse« des Bunkers. »Hier lagernd wir unsere Notvorräte — Wasser in Plastikfässern, Trockenbrot, Konserven und Notrationen, alles für gut 14 Tage.«

Durch eine weitere »Drucktür« gehen wir in den drei mal drei Meter großen »Aufenthalts- und Schlafraum«. Gerhard Kopp klopft stolz gegen die Wand: »Das ist alles 50 Zentimeter Stahlbeton. Das hält schon was aus.« Auf einem imitierten Perser stehen ein Tisch, vier Stühle und zwei Etagenbetten. Neben einer Kochnische mit Spiritusbrenner und dem Trockenklo die Armaturen der »Schutzraumbelüftung«.

»Im Ernstfall wird der ganze Raum luftdicht abgeschottet«, erklärt mir Gerhard Kopp. »Von außen saugen wir Luft an. Verschiedene Filter — darunter ein mit eineinhalb Tonnen Spezialsand gefüllter Nebenraum — reinigen die Luft von allen nur denkbaren Schadstoffen, auch bei radioaktiver Verseuchung.« Und wenn die Stromversorgung zusammenbricht und damit die elektrische Luftpumpe ausfällt? »Dann haben wir ein Notstromaggregat.« Und wenn auch das noch kaputtgeht? »Dann wird die Belüftung mit einer Handkurbel durch menschliche Muskelkraft betrieben. Das ist zwar ziemlich anstrengend, aber auch eine gute Beschäftigungstherapie für die Bunkerbesatzung — ein Drittel der Leute kurbelt, ein Drittel sitzt, ein Drittel ruht.«

In der Ecke steht ein Sideboard mit Kofferradio (»für die Katastrophennachrichten«), Verbandszeug, mit Geigerzähler und dem zusammengerollten »ABC-Schutzanzug«. »Nach dem Atomschlag wird ausgelost, wer rausgeht und mit dem Geigerzähler erkundet, wie verseucht die Welt draußen ist.« Der Ausgang für den Notfall: ein Kriechgang, der mit einer »Notausstiegsluke« nach draußen führt — direkt in den Gemüsegarten, wo jetzt der Kopfsalat in voller Pracht steht.

Der schwäbische Bunker-Unternehmer liefert seinen »lieben Schutzraumfreunden« alle Überlebensmittel: »Luftschutzsitzgruppen (Grundbank ab 418 Mark), Spirituskocher zweiflammig Nirosta Exklusivmodell (184 Mark), Befreiungswerkzeuge auf Tafel montiert (490 Mark), Notabort für Chemikalienbetrieb komplett (85 Mark), Dauerbrot — Rheinisches Vollkornbrot — in Klarsichtverpackung, zehn Monate garantierte Haltbarkeit (pro 500-Gramm-Paket 1,62 Mark)«.

Kopps Empfehlung an seine Bunker-Kunden: »Angesichts der weltpolitischen Lage den Brotvorrat großzügig aufstocken.« »Ich mache eben Full-Service«, sagt er stolz, »und die Ausbildung für den Ernstfall macht der Bundesverband für den Selbstschutz (BVS).«

Die »BVS-Dienststelle Hamburg-Nord« residiert in einem Gartenhaus im idyllischen Hamburger Stadtpark. Draußen zwitschern die Vögel.

Im »Lehrgangsraum« des eingeschossigen Gebäudes sitze ich mit sieben Leuten an vier Schulbänken. Neben einer Schultafel ein Aktenbock mit Prospekten. Dort liegen auch stapelweise Selbstschutz-»Jahreskalender« — mit einem Bild von einem brennenden Haus aus der BVS-Sonderausstellung »Kinder malen Katastrophen« auf dem Umschlag. An der Wand ein Poster mit einer »Strahlenschutzrechenscheibe«. Mit dieser

9

**Baut auch Atombunker für Pferde – »Schutzraumberater« Kopp
an der »Notausstiegsluke« seiner unterirdischen Betonburg**

**Wer nicht reingehört, wird mit der Maschinenpistole abgewehrt -
die Besitzer eines Privatbunkers proben das Überleben beim Atomschlag**

Scheibe kann man ganz einfach die »Dauer radioaktiver Verseuchung« errechnen. Man muß nur wissen, wie groß die Atombombe und wo genau sie explodiert ist — schon ist auf der Skala abzulesen, wann die Luft wieder rein sein wird, auf die Minute genau. In schlimmeren Fällen, so zeigt die Skala, kann die radioaktive Verseuchung allerdings Jahre dauern.

»Ich befasse mich mit Katastrophen so kleine 20 Jahre«, eröffnet uns BVS-Grundausbilder Olaf Beyer. Das größte denkbare Desaster: »der ernstfallmäßige Atomschlag«. Doch dabei, erklärt uns Herr Beyer, »gilt es genauso zu handeln wie bei jeder normalen Katastrophe: Ruhe bewahren, überlegt handeln, Gelerntes gezielt einsetzen«.

Was wir lernen: die »Seitenlagerung von Verletzten«, das »Abdrücken bedrohlicher Blutungen an Oberarm und Oberschenkel«, das »Anlegen von Druckverbänden mit einer Dreieckstuch-Krawatte«.

Wir sehen einen Lehrfilm über »selbstschutzmäßiges Verhalten im Ernstfall«. Der Film-Kommentator verspricht, die Sache »am Beispiel der Hiroshima-Bombe näher zu betrachten«. Ich stelle mich auf die bekannten Horror-Bilder der zerborstenen Stadt ein, auf verstümmelte Leichen und die entstellten Körper der ersten Atom-Opfer. Zu meiner Erleichterung wird aber lediglich das Foto eines Japaners gezeigt, der Glück hatte, weil er 1945 ein weißes Unterhemd trug. Das hat die gefährlichen Strahlen reflektiert, so daß die Haut darunter kaum in Mitleidenschaft gezogen wurde. So einfach ist das.

Der Film liefert weitere »Nutzanwendungen für den Ernstfall«: Wenn wir zu Hause sind, und die Bombe geht hoch, müssen wir »weg von allen Glasflächen und möglichst an einer tragenden Wand oder hinter einem schweren Möbelstück in Deckung gehen«. Fahren wir bei einer Nuklearexplosion gerade im Auto, müssen wir »sofort anhalten. Nicht aussteigen, auf dem Boden des Fahrzeugs Deckung suchen, zusammenkauern.« Und wenn uns der Atomblitz im Freien erwischt, sollen wir uns »vom grellen Licht abwenden, Augen schließen und zu Boden werfen, dabei jede Deckung ausnutzen, Kleidung über den Kopf ziehen, bloße Hände unter den Körper« nehmen.

Ausgestattet mit diesem Katastrophen-Wissen schreibe ich an Johannes Hammer, den Vorsitzenden der »Bürgerinitiative Selbstschutz vor dem Atomtod e. V.«. Er schickt mir einen Aufnahmeantrag und seinen Pressedienst »Der Bunker«. Das Titel-Emblem: der Rauchpilz einer explodierenden Atombombe. Der Inhalt: scharfe Angriffe gegen die Bundesregierung.

Sie liefere uns den Sowjets aus, weil sie zuwenig Bunker baue. Durch dieses »Regierungsverbrechen der Schutzraumverweigerung« sei die Bundesrepublik jetzt »sturmreif für die roten Horden«.

Ich besuche Johannes Hammer in seinem Haus in Viernheim bei Mannheim. Feierlich nimmt er mich für einen Jahresbeitrag von 60 Mark in seine »Loge der Überlebenden« auf.

Für weitere 100 Mark bietet er mir das »Vorwarnsystem« der »Gemeinschaft, die sich wie ein Orden versteht« an. »Damit Sie schon vor dem offiziellen Atom-Alarm unbemerkt von den Nachbarn in Ihren Bunker steigen und sich dort verbarrikadieren können. Denn wenn die Sirenen heulen, wird eine Panik ausbrechen. Dann werden die Bunker von Unbefugten gestürmt.«

Woher er denn früher als der Normalbürger von einem drohenden Atomschlag erfährt? Herr Hammer lehnt sich in seinem Schreibtischsessel zurück: »Ich verfüge über beste Informanten in hohen Militär- und Oppositionskreisen in Bonn.« Und was ist, wenn die Vorwarnung zu spät kommt und die Nachbarn den Bunker besetzen wollen? »Diese Frage«, sagt Herr Hammer, »ist einfach zu beantworten: Da müssen Sie halt mal mit der Maschinenpistole dazwischenhalten.«

»Auf jeden Fall«, so sagt Herr Hammer, »ist Bunkerbau bei der gegenwärtigen Atomangst ein gutes Geschäft für Sie.« Seine Rechnung: »Sie bauen außerhalb Ihres Hauses einen Bunker, sagen wir für sieben Personen. Vom Bund bekommen Sie — unabhängig von den tatsächlichen Baukosten — einen Zuschuß von 4900 Mark und können noch 37 200 Mark steuerlich absetzen; ohne Bundeszuschuß sind 42 100 Mark absetzbar.«

Einen richtigen »Schutzraum-Gewinn« kann der einstreichen, der Bunkerplätze verkauft. »Sie brauchen den Interessenten ja nicht zu sagen, was Sie an Steuern sparen. Kollegen, Freunden und Bekannten ist ein atomkriegssicherer Ort oft mehr wert, als Sie denken.«

Zum Abschied versorgt mich mein Berater Hammer mit einem Bündel Informationsschriften — mit Prospekten von Bunkerbaufirmen und einem »Merkblatt für die Friedensverwendung von Hausschutzräumen«, dem ich entnehmen kann, daß sich ein Bunker im »Nicht-Spannungsfall« auch als »Weinkeller, Fernsehraum, Sauna, Schularbeits-Zimmer, Kinderspielraum und Hausbar« verwenden läßt.

Der Bauunternehmer Friedel Jochem (Hammer: »Mein Stellvertreter in der Bürgerinitiative Selbstschutz vor dem Atomtod«) macht an jedem 13.

eines Monats ernst: Dann probt er unter seinem Bungalow im westfälischen Erwitte das Überleben. 250 000 Mark hat er sich den Zufluchtsort kosten lassen — zwei miteinander verbundene Atom-Kugelbunker und als besonderer Clou eine »Neutronenschutzglocke«.

»Die Katastrophe steht kurz bevor«, sagt mir der 48jährige Jochem, »und wir im Bunker sind wie in der Arche Noah, die die Zeiten überdauern wird.« Er ist davon überzeugt, daß »sich die Prophezeiungen der biblischen Apokalypse in den nächsten zwei Jahren erfüllen werden. Der Pol unserer Erde wird sich verschieben, Berge werden verrücken, und ein kosmischer Sturm aus dem All wird mit tödlicher Gewalt über alles hinwegfegen. Nur wir im Bunker werden überleben«.

Die monatliche »ernstfallmäßige Probebelegung« in dem 50-Personen-Bunker beginnt. Sohn Erhard, 22, streift im Wohnzimmer seinen weißen ABC-Schutzanzug und eine Gasmaske über. Mit einem Geigerzähler schreitet er das Gelände ab — er inspiziert den Seitenbau mit den Jagdtrophäen seines Vaters sowie die Schwimmhalle im Garten. Dann geht er über den kurzgeschnittenen Rasen, vorbei am Fischteich mit den sprudelnden Fontänen, zurück ins Haus.

Wir steigen in den Bunker. Alle »Schutzraumberechtigten« sind bereits versammelt. Es ist eine gemischte Gesellschaft — Kleinkinder sind dabei und Leute im Pensionsalter. Die Drucktüren hinter uns schließen sich. Die Bunker-Belüftungsanlage wird eingeschaltet. Wir üben den Notfall und beten gemeinsam unter der Erde einen Rosenkranz. Vor uns sind zwei Madonnen-Statuen aufgestellt, bei den Notrationen lagern Pakete mit Marien-Bildchen und religiösen Traktaten (»Fatima — Hoffnung der Welt«). Neben den Trinkwasservorräten stehen Plastikflaschen mit der Aufschrift: »Weihwasser«.

Nach der großen Katastrophe, so entnehme ich einem Flugblatt, das mir Friedel Jochem gibt, gilt erst einmal: »Abwarten bis die Schlingerbewegung der Erde aufhört.« Der erste Schritt danach: Die Auserwählten der letzten Tage werden die radioaktiv verseuchten »Treppen und Gehsteige mit Wasser säubern«.

Zumindest deutsche Sauberkeit wird den Atomschlag überleben.

Gorleben,
Bohrloch 8

Ein Grenzschützer mit einem Tränengasgeschoß am Gürtel seiner Tarnjacke tritt an das Fenster unseres weißen 18-Tonnen-Lasters mit der Aufschrift »Celler Brunnenbau GmbH«. Er brüllt: »Es geht sofort weiter, gleich haben wir die Langhaarigen ruckzuck weggeräumt.« Er nimmt seinen Schlagstock aus der Halterung, zieht sein Helmvisier herunter und stapft entschlossen nach vorn. Ich bin auf dem Weg zu einem der bestgeschützten Arbeitsplätze der Bundesrepublik: den Bohrlöchern auf dem Gelände der geplanten Atommüllfabrik Gorleben.

Hier soll für 16 Milliarden Mark ein »Entsorgungspark« entstehen, wie es in der Werbesprache des Gorleben-Bauträgers »Deutsche Gesellschaft für Wiederaufbereitung von Kernbrennstoffen« (DWK) heißt. Das gigantischste Projekt der deutschen Industriegeschichte soll umfassen: Nukleares Entsorgungszentrum, Eingangslager, Wiederaufbereitungsanlagen und Abfallendlager — für Atommüll, der über Tausende von Jahren Radioaktivität abstrahlt.

Noch sind die Genehmigungsverfahren nicht abgeschlossen, fehlen unabhängige Gutachten. Aber die Atomindustrie treibt den Bau der Anlage mit Hochdruck voran.

Die Arbeiten des Bohrtrupps, dem ich angehöre, sind nach den Worten des DWK-Sprechers »nicht mit dem Bau gleichzusetzen. Durch die Bohrungen soll geklärt werden, ob der Boden überhaupt tragfähig ist.« Die Bürgerinitiative Lüchow-Dannenberg dagegen: »Mit den Bohrungen beginnt der Bau. Wir sollen vor vollendete Tatsachen gestellt werden.« Die

Bürger sind entschlossen, sich gegen den Atommüllplatz zu wehren. Vor wenigen Tagen sind zum Schutz des Nuklearprojekts 1500 Beamte des Bundesgrenzschutzes und der niedersächsischen Polizei bei Gorleben kaserniert worden.

Heute morgen um sieben Uhr, als ich mit den Leuten der »Celler Brunnenbau« hier ankam, war der morastige Lagerplatz der »Landwirtschaftlichen Bezugs- und Absatzgenossenschaft Lüchow« an der B 493 bereits seit elf Stunden von Bauern der Bürgerinitiative mit abgestellten Treckern und Jauchewagen blockiert. Grund des Protests: Ihre eigene Genossenschaft hatte der Bohrfirma Quartier gegeben und sie mit Dieselkraftstoff versorgt.

Durch Polizeisperren mußten wir uns den Weg zu den Bohrwagen bahnen, die hier übers Wochenende abgestellt waren. Bohrmeister Falk Bernarzick nach den Kontrollen, während er sich im Gerätewagen den orangefarbenen Firmen-Overall überstreifte: »Manchmal komme ich mir vor, als arbeite ich im Gefängnis.«

Ich gehöre zu der Crew, die zum Bohrloch 8 (BGS-Codename: »Anita«) hinausfahren soll. Aber wir sitzen fest. Die Bauern sind zwar mit ihren Treckern weggefahren, nachdem ihnen die Genossenschaft zugesichert hat, die Bohrtrupps nicht mehr zu unterstützen. Doch inzwischen haben sich andere Mitglieder der Bürgerinitiative an den beiden Ausgängen des Platzes postiert.

Taktische Besprechung mit unseren Beratern von Polizei und BGS.

Ein Polizeioffizier hat eine Idee: »Passen Sie mal auf, die Kerle werden wir schon reinlegen.« Er schlägt ein Täuschungsmanöver vor. Wir sollen auf das westliche Tor zufahren, wo inzwischen eine Polizei-Hundertschaft zusammengezogen wurde und zu dem nun auch die Demonstranten strömen. Dann sollen wir plötzlich die Wagen wenden und durch den von Kernkraftgegnern schwach besetzten Südausgang auf die Bundesstraße fahren.

Doch der Trick mißlingt, unsere schweren Bohrwagen sind zu langsam. Wir kommen zwar aus dem Südtor heraus, aber nach kaum 20 Metern müssen wir wieder anhalten. Die bunte Schar der Bürgerinitiativler ist schnell herübergerannt und hat sich vor uns auf die Fahrbahn gesetzt. Sie bilden, gegenseitig untergehakt, eine Sitzbarriere.

Der schneidige Polizeioffizier von vorhin rennt aufgeregt an unserem Lastwagen vorbei: »Verdammte Scheiße!« Seit zwei Stunden sitzen wir

**Bohren unter Polizeiaufsicht – im Vordergrund (mit Sonnen-
brille) der Gorlebener Atom-Schutzmann Manfred Bulth**

Beratung im Morgengrauen – Kromschröder (rechts) mit Bohr-arbeitern und getarnten Polizisten auf dem Lagerplatz in Lüchow

»Gorleben ist Staatssache« – die Polizei versucht, die Kernkraftgegner vor den Bohrwagen von der Straße zu drängen

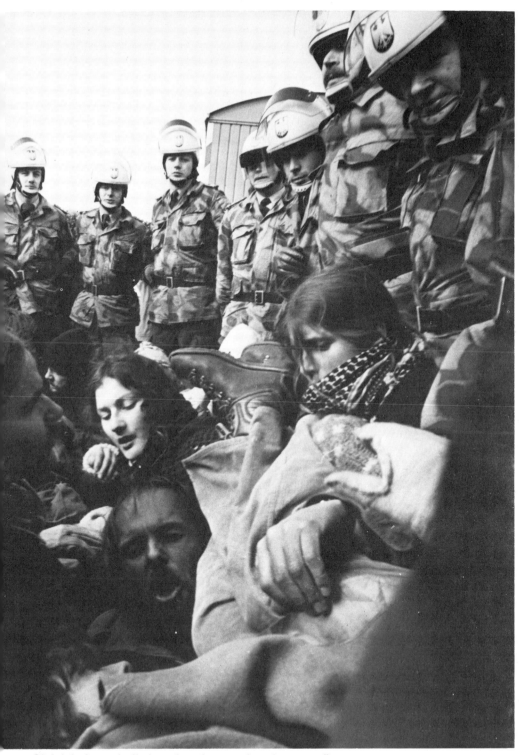

**»Gleich haben wir die Langhaarigen ruckzuck weggeräumt« -
der Bundesgrenzschutz macht dem Bohrtrupp den Weg frei**

nun schon mit laufendem Motor in unseren Bohrfahrzeugen und sind keinen Meter weiter gekommen. Maschinenführer Sterl zieht nervös an seiner Zigarette. Er nimmt seinen weißen Arbeitshelm ab und wischt sich den Schweiß von der Stirn:»Wenn's nicht bald weitergeht, verliere ich noch die Nerven!« Er holt sich eine neue Zigarette aus der Packung.

Draußen werden jetzt Schlagstöcke aus Hartgummi an die Beamten ausgegeben. Sie sind länger als die üblichen Gummiknüppel, und mit ihren breiten Bügeln am Griff erinnern sie an mittelalterliche Schwerter. Der Polizeieinsatz beginnt.

Da kommt — um Viertel nach elf — das Kommando: Weiterfahrt! Der Bundesgrenzschutz hat für uns die linke Straßenseite freigeräumt. Klaus Meiners aus Hannover, der neben mir am Steuer sitzt, legt den ersten Gang ein.

Er ist Polizist. Jetzt ist er als Lastwagenfahrer getarnt. Unter seiner schwarzen Lederjacke trägt er im Schulterhalfter eine Pistole.»Anweisung von oben, man kann ja nie wissen«, sagt er.

Beim Anfahren sehe ich rechts unter mir die Reste der aufgebrochenen Menschenbarriere: wirr ineinander verkeilte Grenzschützer und Demonstranten.

Unser Wagen ist schneller geworden. Ich blicke aus dem Fenster in die abgekämpften Gesichter von Bürgerinitiativlern, die im Polizeigriff im Straßengraben stehen. 73 von ihnen werden wegen »Behinderung polizeilicher Maßnahmen sowie Nötigung in Gewahrsam genommen«. Der Hamburger Rechtsanwalt Dieter Magsam wird dabei im Würgegriff zum Fotografieren geschleppt, und eine 18jährige Demonstrantin aus Gühlitz hat nach ihrer erkennungsdienstlichen Behandlung plötzlich eine Schnittwunde im Gesicht.

Unser MAN-Diesel, das weiße Ungetüm mit dem eingeklappten roten Bohrturm, nimmt volle Fahrt auf. Eskortiert von zehn feldgrünen BGS-Mannschaftswagen fahren wir mit Blaulicht durch die menschenleeren Wendland-Dörfer Trebel, Woltersdorf und Gedelitz. Die Ortsschilder sind mit dem Spruch überklebt:»Gorleben ist überall.« Autofahrer, die uns entgegenkommen, fahren beim Anblick unseres Konvois verdattert zur Seite und halten respektvoll an.

Nach etlichen Polizeikontrollen erreichen wir gegen Mittag unseren Arbeitsplatz, das Bohrloch 8 bei Gorleben. Es liegt mitten im Kiefernwald, an einer ausgefahrenen Sandpiste.

Während Bohrmeister Hans Buhr, Geräteführer Hans Moeves, Hilfsar-
beiter Bruno Stapelfeld und ich die Rohre für die Bohrung abladen, zieht
ein Grenzschutz-Trupp ein rot-weißes Polyäthylen-Band durch die Bäume um uns herum. Es wird gleich von einer 500-Meter-Rolle abgespult.
Jetzt, so sagt uns der BGS-Einsatzleiter mahnend, befänden wir uns im »Si-
cherheitsbereich«. Der Bohrturm wird hochgeklappt, wir montieren das
Gestänge.

Mir sind die Zigaretten ausgegangen. Ich will nach Trebel fahren, mir
neue holen. Ich darf nicht alleine los. Der Bundesgrenzschutz-Offizier gibt
mir zwei bewaffnete Beamte mit auf den Weg zum Zigarettenautomaten
— als »Begleitschutz«.

Wir haben die ersten Bodenproben entnommen. Der stämmige Meister
Buhr blickt von der Bohrplattform des Lasters zu einem der mit Funkgerä-
ten und Schnellfeuergewehren ausgerüsteten Zweierposten hinüber, die in
zehn Meter Abstand um uns patrouillieren. »Manchmal«, sagt er, »weiß
ich nicht, ob wir nun beschützt oder bewacht werden.«

Am späten Nachmittag erfahren wir, daß die Bohrmannschaft nun ganz
von der Außenwelt abgeschottet werden soll. Ihre Wohnwagen, die bisher
in Lüchow standen, sind nun aufs Bohrgelände geholt worden, in ein mit
Stacheldraht abgeriegeltes Camp. Künftig werden die Bohrarbeiter also
nicht nur unter Polizeiaufsicht arbeiten, sondern auch unter Bewachung
schlafen.

Feierabend. Nach einem Arbeitstag, der unser Bohrloch ganze drei Meter tiefer gebracht hat, trinken wir Bier in der Lüchower »Ratsschänke«.
Mit dabei ist Manfred Bulth, der uns schon im Wald bei Gorleben mit seinem geländegängigen Wagen besucht hat. Er ist der Werkschutzmann der
DWK, die die Nuklearfabrik einmal betreiben soll. »Das Werk wird gebaut, da beißt keine Maus den Faden ab«, sagt er, »sonst wäre ja das ganze
investierte Geld zum Fenster rausgeschmissen.« Stolz erzählt mir der kan-
tige Hannoveraner, daß er mit Demonstranten umzugehen weiß, weil er
als ehemaliges Mitglied bei der »Sicherungsgruppe Bonn« die Terroristen
genau kenne. Nach wie vor ist er beim Bund angestellt, bei der DWK sei er
jetzt lediglich als »Berater« tätig.

Sachkundig berichtet er mir von seinen Erfahrungen aus der Schleyer-
Fahndung: »Wegen der mannstoppenden Wirkung des schweren amerikanischen Colts bin ich absoluter Kaliber-45-Fan.«

Der Einsatz von Polizei und Grenzschutz gegen die Gorlebener Kernkraftgegner ist dem auch in der Spionageabwehr erfahrenen Gun-Man zu lasch: »Morgen holen wir als erstes zwei junge, scharfe Schäferhunde von der Zollhundeschule, damit das etwas mehr Zug bekommt.«

Noch eine Runde Bier für alle. »Gorleben ist Staatssache«, sagt Werkschützer Bulth. In seinem Aktenkoffer hat er eine Minox-Kamera und mehrere Mini-Funkgeräte. »Zum Abhören natürlich völlig ungeeignet«, meint er lachend.

Seine wichtigste Aufgabe, so erzählt er dann, ist es, die beim Bau der Nuklearfabrik arbeitenden Leute zu überprüfen: »Ein Anruf in Bonn genügt, und schon habe ich innerhalb von Minuten die Daten aller, die zum Beispiel hier am Tisch sitzen — einschließlich Einkommen, besonderer Auffälligkeiten und Vorlieben.«

Der Atomstaat ist näher als wir denken.

Der Ladendieb

Vor mir, genau in Brusthöhe, stehen Hunderte von Flaschen — gelbe, grüne, pinkfarbene. Ich habe mir vorgenommen, eine davon zu stehlen. Mein Atem geht kürzer. Das Blut schießt mir in den Kopf, die Ohren sind wie taub. Mein Gesichtsfeld verengt sich, die Kaufhaus-Etage um mich herum versinkt im Nebel. Ich sehe nur noch die eine grüne Flasche, die ich einstecken will. »Apfelblüten-Shampoo für jedes Haar« steht darauf. Ich beuge mich nach vorn. Mit der rechten Hand greife ich in das Regal, packe das längliche Ding und schiebe es in die Brusttasche meiner Jacke. Es geht wie von selbst.

Ich merke, wie sich mein Körper entspannt. Ich sehe, höre wieder, was um mich herum vorgeht. Jetzt muß ich nur noch an der Kasse vorbei, denke ich. Dann habe ich es geschafft.

Ich bin ein Ladendieb — einer jener 250 000 Deutschen, die jedes Jahr zu Klauern werden.

In der kostenfreien Warenbeschaffung sind kriminelle Profis die Ausnahme, nur jeder zehnte Warenhausdieb ist auf das Delikt spezialisiert. Die anderen 90 Prozent sind Gelegenheitsdiebe wie ich. Seit die Zahl der Ladendiebstähle wächst, sollen die Methoden der Abschreckung immer rüder geworden sein. Ich habe gehört, daß es Hiebe für ertappte Diebe setzt. Ich habe von Selbstjustiz in Kaufhäusern gelesen, von Einschüchterung und Prügel.

Einige der Fälle: In Hamburg wurde ein angeblicher Ladendieb mit dem Gummiknüppel niedergeschlagen und von dem Hund eines Wachmannes in den Oberschenkel gebissen. In Berlin legte ein Detektiv einem Kunden Handschellen um und zog ihn daran durch das Kaufhaus in den Bürotrakt. In München verlor der Dieb einer Tafel Schokolade durch Karateschläge eines Privat-Sheriffs die Vorderzähne. In Stuttgart traktierten zwei Hausdetektive in mehreren Fällen verdächtige Kunden mit Faustschlägen, Fußtritten und Stößen — Kopf voraus gegen die Wand. Und in Frankfurt ertappte ein Kaufhaus-Fahnder einen 49 Jahre alten Ingenieur mit unbezahltem Käse und Speck für zehn Mark. Er schlug ihm mit dem Gummiknüppel ein Auge aus.

Ich vergewissere mich, daß die Shampoo-Flasche auch nicht aus meiner Brusttasche herausrutschen kann, während ich mir einige Herren-Oberhemden im Sonderangebot ansehe. Offenbar hat mich niemand beobachtet.

Die Berichte von den rabiaten Strafaktionen der Kaufhaus-Fahnder scheinen mir reichlich übertrieben. Schließlich haben selbst Schwerverbrecher in einem Rechtsstaat ein Anrecht auf einen fairen Prozeß. Die Polizei ermittelt, der Staatsanwalt klagt an, der Rechtsanwalt verteidigt. Und nur das Gericht entscheidet dann, ob der Angeklagte schuldig oder nicht schuldig ist.

Für Strafen hat der Staat ein Monopol, Selbstjustiz ist verboten. Und niemand darf wegen derselben Tat mehrfach bestraft werden. So steht es im Grundgesetz, Artikel 103.

Doch die Wirklichkeit sieht häufig anders aus, wie ich später erfahre. Neben den staatlichen Richtern und Ermittlern existieren ganze Hundertschaften von selbsternannten Polizisten und Richtern, die ohne Rücksicht auf die Strafprozeßordnung Menschen in die Mangel nehmen.

Da verhören Werkschützer auf einen vertraulichen Tip hin einen Angestellten ihrer Firma, weil er angeblich gegen den längst abgeschafften Paragraphen 175 verstoßen haben soll. Die Werkschützer veranstalten in seiner Privatwohnung eine Hausdurchsuchung, beschlagnahmen angebliche Beweismittel, lassen sich Geständnisse unterschreiben und legen »Ermittlungsakten« an. Der Rechtsstaat bleibt auf der Strecke.

Auch in Kaufhäusern und Supermärkten ist das nicht selten der Fall. Sie haben längst ihren speziellen »Werkschutz«, der nach eigenen Gesetzen handelt. Denn seit die Tante-Emma-Läden mit individueller Bedienung den großen Selbstbedienungsmärkten wichen, gab es plötzlich eine neue Art der Massenkriminalität — den Ladendiebstahl.

26

Die Verkaufsstrategen merken es jedes Jahr bei der Inventur, daß immer mehr Kunden den Verlockungen der vollgepackten Stände und überquellenden Regale nicht widerstehen können. Die Händler klagen inzwischen über Milliarden-Verluste, die durch schnelles Zugreifen entstehen.

»Der Greif-Impuls ist im Stammhirn jedes Menschen verankert«, sagt der Kölner Psychologe und Gerichtsgutachter Professor Wolfgang de Boor. »Die Warenhäuser haben aus dieser Erkenntnis Nutzen gezogen. Sie breiten zum Beispiel die Waren, deren Verkauf ihnen am wichtigsten ist, in ›Greifhöhe‹ aus.«

Ein langer Erziehungsprozeß sei notwendig, um mit diesem Ur-Instinkt »zurechtzukommen, also nicht widerrechtlich Dinge zu ergreifen, an sich zu nehmen, zu stehlen«, meint de Boor.

Um die Sache in den Griff zu kriegen, bauen Supermärkte und Kaufhäuser ihre Kundenüberwachung genauso perfekt aus, wie sie ihre psychologischen Tricks verfeinerten, damit die Kunden zugreifen und kaufen. Fernsehkameras, elektronische Warnanlagen, Kontrollspiegel und Detektive gehören heute zur Standardausrüstung aller Supermärkte.

Darüber hinaus haben Selbstbedienungsläden und Kaufhäuser eigene Abschreckungsmethoden und ein eigenes Strafrecht erfunden.

Neben dem Schild »Jeder Ladendiebstahl wird angezeigt« schaukelt in einem Hamburger Kaufhaus eine lebensgroße Puppe im Trenchcoat, an einem Nylonseil aufgehängt. Oder große Plakate drohen unehrlichen Kunden zur normalen Strafanzeige noch »Blamage« und »berufliche Nachteile« an.

Diese Tafeln hängen in der Ladenkette »Schlecker-Drogerie-Markt«. Und nebenan im »Deutschen Supermarkt« wird Ladendieben angekündigt, daß sich auch noch die Belohnung für ihre eigene Ergreifung bezahlen müssen.

Im Branchenjargon heißt das »Fangprämie«. Der Sprecher des Deutschen Richterbundes, Helmut Leonardy, nennt diese Praxis der Kaufhäuser einen »Schwarzmarkt des Rechts« und kritisiert: »Das Opfer der Tat — der Bestohlene — ist Festnehmer, Ermittler, Ankläger, Richter und Empfänger der Geldstrafe in einer Person.«

Manchen Großmärkten genügt das noch nicht. Sie stellen ihre Kunden an den Pranger — der Name des vermeintlichen Diebs wird an einer Art Schandpfahl im Laden ausgehängt. Oder die Tat wird an Ort und Stelle geahndet — mit der Prügelstrafe.

Erst wenige Tage vor meinem Shampoo-Diebstahl war ich in Münster bei einem Prozeß gegen einen 26jährigen Pädagogik-Studenten, der ertappt worden war, als er bei Karstadt drei Tonbandkassetten in die Tasche steckte. Der Kaufhausdetektiv stellte ihn und schleifte ihn nach einem Handgemenge an den Haaren in den Fahrstuhl.

In der Gerichtsverhandlung konnte sich der Karstadt-Häscher an den Diebstahl noch genau erinnern. Wie er den Studenten abgeführt hatte, wußte er nicht mehr so genau. Wie so häufig stand auch in diesem Fall Aussage gegen Aussage. Neutrale Zeugen sind selten, wenn es um Selbstjustiz im Kaufhaus geht.

Angesichts der widersprüchlichen Berichte wollte ich wissen, was wirklich passiert, wenn ein Kunde beim Stehlen erwischt wird. Ich wollte es hautnah erleben und beschloß deshalb, selbst die Rolle des Ladendiebs zu spielen. Um wirklich unverfälschte Ergebnisse zu bekommen, meldete ich mein Vorhaben auch in keiner Chefetage der Kaufhäuser an. Damit ich wegen dieser Klau-Recherche nicht vor den Kadi müsse, unterschrieb ich eine eidesstattliche Erklärung, die ich bei meinem Anwalt hinterlegte: »Ich werde die Rolle eines Ladendiebes übernehmen. Meine Absicht wird es dabei aber nicht sein, mir Dinge rechtswidrig anzueignen. Sollte ich unentdeckt bleiben, werde ich die weggenommenen Gegenstände wieder zurücklegen.«

Vor jedem Kaufhaus-Besuch meldete ich mich bei meinem Rechtsanwalt und kündigte an, in welches Geschäft ich gehen würde. Über jeden Einsatz schrieb ich ein genaues Protokoll. Als Zeuge war immer Fotograf Werner Ebeler dabei.

Drei Wochen reisten wir so durch die Bundesrepublik. Ich klaute in Wuppertal, Düsseldorf, Münster, Hannover, Frankfurt, Stuttgart und München. Meist blieben meine Taten unentdeckt, ich legte das Diebesgut wieder zurück.

Doch diesmal in Hagen kommt es anders. Die grüne Flasche Apfel-Shampoo unter der Jacke, schlendere ich weiter durch das Kaufhaus. Es scheint mich tatsächlich niemand beobachtet zu haben. Ich gehe am Strumpfstand vorbei, will wieder in die Kosmetikabteilung, um die Flasche ins Regal zurückzustellen.

Da kommt von der Seite ein junger Mann auf mich zu. Er zieht einen Ausweis aus der Tasche. »Ich bin der Kaufhausdetektiv, kommen Sie bitte mit. Sie haben gestohlen«, sagt er. Ich — ganz der auf frischer Tat ertappte

Eigenes Strafrecht – Abschreckungs-
Plakat in einem deutschen Supermarkt

Waren in Greifhöhe ausgelegt –
Gerhard Kromschröder als Ladendieb

Bei Bedarf Prügelstrafe an Ort und
Stelle – der Ladendieb wird gestellt

Unterwegs zum Revier – der Ladendieb
wird von zwei Polizisten abgeführt

»Mit Typen wie dir werden wir schon fertig« - Ladendieb Kromschröder wird von einem Detektiv in die Glasscheibe einer Theke gestoßen

»Karli, du bist unser Bester« - nach einem Tritt in den Unterleib springt der rabiate Kaufhausdetektiv auf den überwältigten Ladendieb

»Das ist zur Abschreckung, sonst klaut ihr uns den ganzen Laden leer« - der Konsum-Polizist zerrt den Dieb abrupt vom Boden hoch

Spießrutenlaufen wegen Puffreis und Bonbons für 3,98 Mark - eine als Ladendiebin ertappte Frau wird vor einem Kaufhaus ins Polizeiauto verfrachtet

Ladendieb — resignierend: »Ja, das stimmt.« Verkäuferinnen tuscheln miteinander, zeigen zu uns herüber. Kaufhauskunden bleiben stehen, starren mich an.

Wir gehen zusammen einige Schritte in Richtung Fahrstuhl. Plötzlich packt der Kaufhausdetektiv mein linkes Handgelenk, ich gehe ihm nicht schnell genug. Ich sage: »Soll ich vielleicht rennen? Lassen Sie mich doch los, ich komme ja schon mit.« Er drückt noch fester zu. Der Schmerz zieht mir bis in den Oberarm. Ich bleibe stehen. »Was soll das«, sage ich, inzwischen aufgeregt, »ich gehe doch freiwillig mit!«

»Mit Typen wie dir werden wir schon fertig«, sagt mein Begleiter und rammt mir — nun gar nicht mehr zurückhaltend wie am Anfang — sein Knie in den Unterleib. Darauf war ich nicht gefaßt. Ich krümme mich. In diesem Moment versucht er, von vorn meine beiden Arme zu packen, um sie mir hinter den Rücken zu biegen. »Du Schwein«, sagt er, greift mich an der Jacke und drückt mich rückwärts gegen den Strumpfstand. Die Glasscheibe der Theke hinter mir zersplittert. Ich verliere das Gleichgewicht, rutsche zur Seite. Bevor ich wieder gerade stehen kann, stößt mir mein Gegenüber seinen Ellenbogen in den Bauch, packt mich am Hals und tritt gegen meine Füße, so daß ich zur Seite zwischen die Glasscherben auf den Boden falle.

Der Detektiv springt über mich, setzt sich auf mich. Dann springt er auf und zerrt mich an der Jacke abrupt nach oben. »Mach schon«, brüllt er mich an. Eine Verkäuferin klatscht in die Hände und ruft: »Karli, du bist unser Bester.«

Im Fahrstuhl fühle ich am Hinterkopf, über dem linken Ohr, eine taubeneigroße Beule. Dazu Schürfwunden am linken Ellenbogen und an der Hüfte. Mir ist schwindelig.

Zu meiner Bewachung ist nun auch noch ein vierschrötiger Mann in grauem Arbeitskittel abgestellt. Zum Schnurren des Lastenaufzugs sagt mir der Detektiv: »Das wird Sie einiges kosten.« Zuerst einmal wird mein Detektiv eine Belohnung für meine Ergreifung kassieren (die das Warenhaus dann später von mir zurückverlangen wird). Viele Konsum-Sheriffs leben davon, daß sie möglichst viele unehrliche Kunden ertappen. Sie arbeiten nämlich häufig auf Honorar-Basis — kassieren für jeden Ladendieb eine Fangprämie.

Wie schnell man durch übereifrige Fahnder in falschen Verdacht kommen kann, erlebte ein 35jähriger Juwelier in der Düsseldorfer »Metro«.

Der Vorwurf der Großhandels-Kette: Der Kunde habe von einem Öl-Kanister zu 32,50 Mark das Preisschild abgemacht und statt dessen ein 12,52-Mark-Etikett aufgeklebt. Der Juwelier bestritt den Betrug. Zehn Monate später wurde er vom Düsseldorfer Landgericht freigesprochen. Die Richter mochten dem einzigen Belastungszeugen nicht glauben, obwohl das ein Polizist war. Seiner Aussage fehle die »nötige Überzeugungskraft«. Im Verfahren war nämlich herausgekommen, daß der Beamte nicht zufälliger Zeuge war. Er verdient sich vielmehr in seiner Freizeit in der »Metro« als Detektiv ein Zubrot. Für jeden gemeldeten Fall bekommt er 50 Mark.

Trotz solch abschreckender Beispiele hat der Bundesgerichtshof ein »Kopfgeld« bis zu 50 Mark erlaubt. Dieser Musterprozeß, der sich jahrelang hinzog, ist ein Kabinettstückchen der Juristen. Im Karstadt-Kaufhaus in Hamburg-Barmbek wurde eine Türkin als Ladendiebin gefaßt. In ihrer Handtasche hatte sie eine Ochsenbacke, Katenrauchwurst und vier Auberginen versteckt. Wert: 12,72 Mark.

Die Türkin, die kein Deutsch konnte, unterschrieb alle möglichen Formulare. So auch die Verpflichtung, an den Kaufhauskonzern 50 Mark Fangprämie zu zahlen.

Doch dann zahlte sie nicht. Das türkische Generalkonsulat stellte ihr einen Anwalt. Der wollte den Fall mit Karstadt gütlich regeln. Doch die Konzernjuristen wollten mit der Türkin deutsche Rechtsgeschichte machen. An ihrem Falle sollte entschieden werden, wieweit Privatjustiz zulässig ist. Das ließen sich die Kaufhaus-Manager etwas kosten.

Damit die Sache überhaupt über das Landgericht, zum Oberlandesgericht und schließlich zum Bundesgerichtshof verhandelt werden konnte, wurde der Streitwert auf 1100 Mark hochmanipuliert. Um die Türkin vor dem Prozeß-Risiko zu bewahren, übernahm Karstadt ihre Anwalts- und Verfahrenskosten. Eine lohnende Investition, wenn der BGH im Sinne des Konzerns entschieden hätte.

Die Sache wurde jedoch nur ein halber Sieg. Denn Kosten für Überwachungskameras, Spiegel und Detektive, so die Karlsruher Richter, dürften nicht auf einzelne Ladendiebe abgewälzt werden. Der Unternehmer müsse »das mit der Einrichtung von Selbstbedienungsläden verbundene Risiko, leichter und daher häufiger bestohlen zu werden«, selbst tragen.

Gezahlte Fangprämien müsse der Ladendieb allerdings bezahlen. Denn, so der BGH, die Kosten entstünden ja immer nur dann, wenn ein einzelner tatsächlich stehle. Ein Unternehmen dürfe solche Kopfgelder durchaus ausloben, denn empirische Untersuchungen zeigten, »daß solche Prämienzusagen zur Erhöhung der Aufmerksamkeit des Verkaufspersonals und ihrer Bereitschaft, gegen den beobachteten Dieb einzuschreiten, nützlich und notwendig sind«. Zum erstenmal ist damit die Doppelbestrafung höchstrichterlich abgesegnet.

Der Detektiv, der mich in der Kosmetikabteilung gestellt hat, hält mich am Oberarm. Wir sind im ersten Stock des Warenhauses. Ich überlege, ob ich die Shampoo-Flasche unter meiner Jacke nicht einfach fallen lassen soll. Wir haben den Fahrstuhl verlassen und gehen über einen langen Flur, an verglasten Büros vorbei.

Die Angestellten hinter den Scheiben blicken von ihrer Arbeit auf, stecken die Köpfe zusammen. »Toll, da hast du ja schon wieder so einen geschnappt«, sagt ein Mädchen, das uns mit einem Aktenbündel unter dem Arm entgegenkommt.

Mein Begleiter lächelt stolz. Dann führt er mich in einen kleinen Raum, das Verhörzimmer. Es hat keine Fenster. An der Decke eine Neonröhre. Eine Aktenablage, ein Fotokopiergerät, ein Schreibtisch mit einem Stuhl. Ich muß stehen. Nach einer »Sachgebietsanweisung« für Hausdetektive hat ein solcher »Besprechungsraum« wie folgt auszusehen: »ca. 6 qm groß, nach der Planskizze fensterlos, keine gläsernen Zwischenwände und verglaste Türen oder leicht erreichbare und leicht zu öffnende Fenster«, die Möbel so angeordnet, »daß der Vernehmende den kürzesten Weg zur Tür hat«, mit Telefon und Alarmanlage, »Klingelleitung 6 V mit Alarmschelle«.

Ich hole die Shampoo-Flasche aus der Jacke, stelle sie auf den Tisch. »Das ist alles«, sage ich. Der Detektiv glaubt mir nicht. »Leibesvisitation«, sagt er und tastet mich ab. Er setzt sich, spannt den Vordruck »Diebstahlsanzeige« in die Schreibmaschine. In der Rubrik »Wert des Diebesgutes« setzt er 2,78 Mark ein.

»Weshalb machen Sie denn so einen Aufwand«, frage ich den eifrig tippenden Kaufhaus-Schutzmann, »ich will die paar Mark doch gerne bezahlen.« Er blickt nur kurz zu mir auf und sagt: »Das ist zur Abschreckung, sonst klaut ihr uns ja noch den ganzen Laden leer.«

In der Tat wird geklaut wie nie zuvor: Insgesamt, so errechnete die Hauptgemeinschaft des Deutschen Einzelhandels, wird jährlich eine »Inventurdifferenz« von 3,4 Milliarden Mark registriert — ein Prozent vom Umsatz. Doch der Milliarden-Schwund geht nicht allein auf das Konto

35

diebischer Kunden. Sie sind nur mit einem Drittel beteiligt. Das zweite Drittel schaffen — so der Einzelhandelsverband — unehrliche Angestellte beiseite, wie der 34 Jahre alte Kaufhausleiter aus Bielefeld, der in seinem Laden für 400 000 Mark Waschmaschinen, Stereoanlagen und Fernsehapparate verschwinden ließ. Oder der Hamburger Warenhausdetektiv, der bei der Jagd auf Ladendiebe selbst mehrere teure Pelzmäntel abstaubte.

Das letzte Verlust-Drittel des Einzelhandels taucht wegen »Verderb, Nichterfassung von Preisreduzierungen und falscher Preisreduzierung« nicht mehr in den Büchern auf.

Der Münchner Polizei-Psychologe Georg Sieber, der verschiedene Kaufhäuser in Sicherheitsfragen berät, hält die Kunden für viel ehrlicher als der Händlerverband. In einer Untersuchung stellte er fest, daß je nach Branche die Angestellten selbst bis zu 80 Prozent der verschwundenen Ware stehlen. Die Theorie des Massendiebstahls durch Kaufhauskunden sei absurd.

Der Hagener Hausdetektiv vor mir schaut von seiner Maschine hoch: »Ihren Namen, bitte.« Ich gebe ihm meinen Personalausweis. »Beruf?« »Angestellter«, sage ich. »Haben Sie's denn nötig«, fragt er mich mit einem Anflug von Menschlichkeit. »Nöö, eigentlich nicht«, stottere ich. Den wahren Grund kann ich ja nicht erzählen.

Auf meiner Reise durch deutsche Kaufhäuser und Supermärkte habe ich drei Ladendiebe beim Stehlen beobachtet. Einmal war die Beute eine Tonbandkassette, einmal Socken, dann eine Dauerwurst. Der Mann mit der Wurst schob einen vollen Einkaufswagen durch die Lebensmittelabteilung des »Tengelmann«-Supermarktes in München. Vor dem Frischfleisch-Stand blieb er stehen und las das Schild: »Greifen Sie zu!« Der Mann nahm das wörtlich. Er griff zu und steckte die Koch-Salami für 3,99 Mark in die Manteltasche.

Dazu Polizei-Psychologe Sieber: »Die Artikel werden so ausgelegt, daß die Reizschwelle zum einfachen Zugreifen herabgesetzt wird. Zugleich versteckt man schamhaft die Kassen, um davon abzulenken, daß schließlich auch bezahlt werden muß.«

Mein Detektiv, der mich beim Einkaufen ohne Bezahlung erwischt hat, ruft das Polizeirevier an. »Ich habe wieder Arbeit für euch, kommt mal mit zwei Jungs vorbei«, sagt er jovial. Er übergibt mir ein Schriftstück. Darin wird mir in acht Sprachen ein Hausverbot für sämtliche Zweigniederlassungen des Kaufhauses »ausgesprochen, das unbeschadet der Möglichkeit des Widerrufs unbegrenzt gültig ist.« Halte ich mich nicht daran, droht mir eine Anzeige wegen Hausfriedensbruch.

Ich frage meinen Vernehmer, warum er mich vorhin verprügelt hat. Er antwortet: »Ich habe Sie gar nicht geschlagen. Dafür habe ich genügend Zeugen. Die Rechnung für die Scheibe, die Sie absichtlich kaputtgemacht haben, bekommen Sie auch noch«.

Als die Polizei erscheint, verlange ich den Namen des Detektivs. »Ich will ihn wegen Körperverletzung anzeigen«, sage ich. Der Streifenführer weigert sich: »Kein Name, keine Adresse. Diese Leute müssen geschützt werden.«

Die Beamten nehmen mich in die Mitte. Ich werde abgeführt. Auf dem Polizeirevier sollen meine Personalien noch einmal amtlich überprüft werden. Am Hinterausgang des Kaufhauses stehen Passanten und gucken zu, wie ich in das Polizeiauto verfrachtet werde — ein 2,78-Mark-Krimineller. Es ist wie Spießrutenlaufen.

Wie schlimm das sein kann, erlebe ich eine Woche später bei einem Auflauf in München. Diesmal bin ich einer von mehreren hundert Zuschauern, als eine 79jährige Frau aus der Kaufhalle durch die Fußgängerzone an der Kaufinger Straße von zwei Beamten zum Polizeiwagen geführt wird. Sie ist mit Puffreis und Bonbons für 3,98 Mark erwischt worden. Völlig geschockt und zitternd klettert die alte Frau in den grün-weißen VW-Bus.

Die Schande der öffentlichen Bloßstellung hat auch schon Menschen in den Tod getrieben. So hatte ein 53 Jahre alter Kaufmann im »Metro«-Großmarkt in Regensburg eine Stange Zigaretten gestohlen. Er wurde ertappt. In der Geschäftsleitung wurde ihm eine gedruckte Diebstahlsanzeige vorgelegt: »Ich gebe zu, heute in der Metro gestohlen zu haben ... Mit einer Haussuchung sowie der mehrfachen Bekanntgabe des Vorfalls durch Lautsprecherdurchsagen erkläre ich mich einverstanden.« Der Mann unterschrieb. Dann schrieb er einen Abschiedsbrief an seine Familie: »Ich kann Euch die Schande nicht mehr zumuten, daß ich weiter unter Euch bleibe.« Stunden später warf sich der ertappte Ladendieb bei Landshut vor einen Personenzug.

Bei meiner dreiwöchigen Klau-Tour wurde ich dreimal beim Klauen erwischt. Einmal, in Hagen, wurde ich wegen Diebesgut für 2,78 Mark mit Prügel bestraft. Einmal wurde ich von einem Kaufhausdetektiv in ein Regal gestoßen — Streitwert: ein Stück Seife für 98 Pfennig. Ein anderes Mal — es ging immerhin um eine Flasche »Languth Riesling trocken« für 4,95

Mark — wurde ich in eine kalte Lagerhalle gezerrt, dort festgehalten und von zwei Angestellten bewacht. Ich konnte mich nicht von der Stelle rühren, durfte noch nicht einmal auf die Toilette gehen. Dreimal wurde ich von der Polizei abgeholt. Dreimal mußte ich Spießruten laufen. Dreimal wurde ich wie ein Schwerverbrecher behandelt. Jetzt versuche ich, wieder ganz normal zum Einkaufen zu gehen. Wo ich in Selbstbedienungsläden auf Plakaten zum »Zupacken«, »Abräumen« oder »Zugreifen« aufgefordert werde, bin ich besonders vorsichtig.

*

Nachtrag: Gegen Kromschröder wurde wegen Ladendiebstahl und wegen Vortäuschung einer Straftat ermittelt, die Verfahren später jedoch eingestellt.

Das Hagener Kaufhaus, in dem Kromschröder zusammengeschlagen worden war, bestritt seine Darstellung und die Beweiskraft der eindeutigen Bilder: »Es steht fest, daß die Fotos gefälscht wurden.« Und dann stellte der Konzern das Geschehen auf den Kopf: »In Wirklichkeit hatte sich der Reporter absichtlich in die ummantelte Strumpftheke fallen lassen«, und das — so das Branchenblatt »Einzelhandels-Report« — »so profihaft wie ein hochdotierter Bundesliga-Fußballer, der einen Elfmeter herausschinden will.« Kromschröder sei keineswegs von dem Detektiv zu Boden gestoßen worden, vielmehr habe er diesen gewaltsam mit sich nach unten gezogen.

Die »Lebensmittel-Zeitung« verbreitete die weitere Kaufhaus-Version: »Als der Detektiv versucht habe, dem Reporter wieder aufzuhelfen, seien beide ins Stolpern geraten und schließlich zu Boden gefallen. Der Detektiv habe schließlich dem Reporter wieder aufgeholfen.« Durch eine Klage wurde das Kaufhaus gezwungen, diese eigenwillige Samariter-Interpretation des Vorfalls zurückzunehmen.

Doch nun schlug der Hausdetektiv erneut zu: Er erstattete Anzeige gegen Kromschröder — dessen Darstellung der Selbstjustiz sei falsch. Dadurch sei er beleidigt und verleumdet worden. Schließlich hatte das Kaufhaus dem Konsum-Polizisten attestiert, er sei ein »in seiner Tätigkeit bisher absolut korrekter Detektiv«, und der »Einzelhandels-Report« hatte ihn kurz und bündig so beschrieben: »Kein ›Schläger‹-Typ!«

So stand Kromschröder in Hamburg vor Gericht. Auf Anregung des Staatsanwalts wurde das Verfahren gegen ihn eingestellt. Der Detektiv war zweimal geladen worden und zweimal nicht erschienen. Er ist, wie sich in dem Prozeß herausstellte, bereits wegen fortgesetzten Diebstahls verurteilt, und inzwischen ermittelt die Staatsanwaltschaft in Nordrhein-Westfalen gegen ihn in anderen Fällen wegen des Verdachts der Körperverletzung, des Diebstahls und der falschen Anschuldigung.

Die Rocker von Landshut

»Wenn du ohne Clubjacke durch die Stadt gehst, bist du ein Nobody«, sagt mir Kansas, Präsident der »Bloody Angels Landshut«. »Probier's doch mal selbst«, ermuntert er mich. Ich versuche es.

An diesem Freitagnachmittag gehe ich erst einmal in ganz durchschnittlichen Klamotten die Hauptverkehrsstraße im niederbayerischen Landshut rauf und runter. Nichts Aufregendes passiert, nur das Übliche: Man trottet so vor sich hin, weiß nicht so recht, was man eigentlich mit sich anfangen soll, guckt aus Langeweile in dieses oder jenes Schaufenster, kennt niemanden und wird von niemandem erkannt.

Eine Viertelstunde später laufe ich noch einmal durch das mittelalterliche Zentrum des katholischen 50 000-Einwohner-Städtchens an der Isar — doch diesmal habe ich die »Clubjacke« übergezogen, eine blaue Jeans-Jacke.

Die Ärmel sind in Schulterhöhe abgerissen, vorn baumelt ein original Eisernes Kreuz, hinten ist ein Engel mit Totenschädel und blutverschmiertem Schwert draufgestickt, und darüber steht in großen Lettern »Bloody Angels Landshut«.

Das verwaschene Textil wirkt Wunder: Leute, die mich vor ein paar Minuten überhaupt nicht registriert haben, starren mich nun an, weichen mir verstört aus und tuscheln hinter meinem Rücken. »Verdammter Rocker«, ruft mir einer nach. Jetzt habe ich plötzlich Profil, bin kein anonymer Bummler mehr, hebe mich aus dem Menschengewusel heraus. Mit der Clubjacke bin ich wer, werde überhaupt erst wahrgenommen. Irgendwie ein starkes Gefühl. Noch viel stärker ist's, wenn du das mit einigen Kumpels von den Bloody Angels — zum Beispiel mit dem Mull, dem Fisch und dem Muskel — auf ein paar großkalibrigen Maschinen wiederholst.

Dann wirst du nicht nur gesehen, du wirst auch gehört, Vollrohr mit der 750er Honda, der 900er Kawasaki, der Honda »Gold Wing« im Pulk durch die engen Altstadtgassen. Da bleiben Passanten wie angewurzelt auf dem Bürgersteig stehen, Mütter ziehen verschreckt ihre Kinder in Hauseingänge, und so mancher Autofahrer, an dem wir vorbeidonnern, tritt verwirrt auf die Bremse.

»Mann, haben die wieder 'guckt«, sagt Muskel stolz, als wir am Brunnen gegenüber vom »Kochwirt« anhalten. Auch so, im Stehen, finde ich, machen wir mit den aufgebockten Maschinen neben der »Bayerischen Hypotheken- und Wechsel-Bank« noch einen unheimlich starken Eindruck.

Mit der schwarzen Lederkluft von oben bis unten, den nagelgespickten Ledermanschetten am Handgelenk, mit den Tätowierungen am Arm und den breiten Nietengürteln. Oben die bunte, vergammelte Clubjacke, unten hochhackige Cowboystiefel. Da bleiben genug Leute stehen, uns anzugaffen.

Der krausköpfige Muskel, 18 Jahre alt und Metzgergeselle, trägt seine Clubjacke zum erstenmal. Vorletztes Wochenende war sie mit einer »Jackenweihe« erst so richtig offiziell eine Clubjacke geworden. In den Schlamm hatten wir sie geschmissen, Bier drübergeschüttet und drauf rumgetrampelt — und dann waren alle Clubmaschinen der Bloody Angels noch mal mit durchdrehenden Reifen drübergefahren. Damit war das erst eine echte Rocker-»Kutte«.

»Unsere Clubjacke«, sagt mir der 21 Jahre alte Dieter mit dem blonden Prinz-Eisenherz-Schnitt, »ist mit das Wichtigste. Die bekommst du erst nach drei Monaten Probezeit und wenn du neben deinem Monatsbeitrag von 10 Mark auch noch die Aufnahmegebühr von 50 und für das gestickte Abzeichen hinten 70 Mark bezahlt hast.« Dieter, im Zivilberuf Metzger, ist »Secretary« der Bloody Angels und macht das, was in anderen Vereinen der Kassierer zu erledigen hat: Er führt die Mitglieder-Liste, mahnt die Beiträge ein und verwaltet die Vereinskasse.

Vereinsvorsitzender, hier »President« genannt, ist Kansas, die Woche über Gefreiter bei der Bundeswehr. »Freitagabend beginnt für uns das eigentliche Leben, so als Rocker«, sagt er mir. »Am Montagmorgen bist du dann wieder die ganz kleine Nummer, die sich von jedem Scheiß-Spieß anpfeifen lassen muß. Aber hier bin ich die Nummer eins. Hier wird gemacht, was ich sage.«

»Wer hier nicht pariert, fliegt raus, ganz klar«, ergänzt der 20 Jahre alte Autolackierer Frank mit dem SS-Totenkopf am Revers. Als »Road-Captain« der Bloody Angels legt er die Fahrtrouten fest und bestimmt, wer auf wessen Maschine hinten mitfahren darf. Ein alter Ford mit einer türkischen Familie fährt vorbei. Aufgeregt beginnt Frank in der Tasche seiner schwarzen Lederjeans zu wühlen, zieht ein Stilett heraus, läßt die Klinge rausspringen und schreit hinter dem Türken-Auto her: »Euch Scheiß-Kanaken schlitz ich noch mal den Bauch auf, so wahr ich meine Clubjacke anhab'.«

So richtig Zoff gab's bisher in den zwei Jahren, seit die Bloody Angels bestehen, eigentlich noch nie. Höchstens mal ab und zu eine Wirtshausrauferei, mehr nicht. Ein Kleinkalibergewehr wenigstens hat jeder zu Hause. Und ohne Messer geht keiner raus. Manchmal steckt auch eine Gaspistole in der Tasche oder ein Totschläger, eine Stahlrute. Angewendet hat das Zeug noch keiner der Bloody Angels, bisher zumindest noch nicht.

Manchmal ist es auch gar nicht so einfach, als Rocker rumzustiefeln. Die eigene, zur Schau getragene Kraftmeierei provoziert die gleiche Reaktion bei anderen. Jeder meint, du bist einer, der's drauf anlegt.

»Wollen wir drücken«, fragt mich einer im Landshuter »Café Mozart«, nachdem er mich bereits dreimal angerempelt hat.

»Ach nee«, sag ich, »hab keine Lust.«

»Keinen Mumm in den Knochen, ihr Rocker«, meint er verächtlich und zieht enttäuscht ab. Keiner von den Kumpels am Tisch nimmt's mir so recht übel, daß ich diesmal ausgewichen bin.

Dafür hatte ich schon letztes Wochenende einem vom Konkurrenz-Club »Hell Servants« bei einem Rocker-Treffen an der Donau gezeigt, was eine Harke ist. Der wollte mir meinen Maßkrug voll Bier abnehmen. »Das läßt du dir gefallen«, hatte Mull von den Angels gehöhnt, während mich mein Gegenüber schubste, mir das Bein stellte. Ich versuchte, mit ihm zu reden, es half nichts.

Er griff nach meinem Krug, schüttete mir das Bier über die Lederjacke. Da hatte ich den durstigen »Hell Servant« rückwärts über einen der Gartentische gestoßen, so daß er im Schlamm landete. Der hatte wohl auch

»Mann, haben die wieder 'guckt« – mit röhrenden Motoren jagen die
»Bloody Angels« durch die mittelalterliche Altstadt von Landshut

**Ohne Messer geht kein Rocker vor die Tür – »Bloody Angels«-Mitglied
Fisch in seiner mit Waffen und Postern geschmückten Wohnung**

**Eine Mischung von Schützenfest und Pfadfinderlager – der Bierausschank
bei einer Wochenend-Rallye der Rocker in der Nähe von München**

Eine Rockerjacke wird unter
durchdrehenden Rädern »geweiht«

Bier nach der Schlammschlacht -
auf dem Weg zum Tresen

»Am Montagmorgen bist du wieder die ganz kleine Nummer« - die »Bloody
Angels« tanzen auf einer Rallye zu den Klängen einer Rockkapelle

»Wenn du ohne Clubjacke durch die Stadt gehst, bist du ein Nobody« –
Rocker-»Kutten« mit den Emblemen der verschiedenen Motorrad-Clubs

nichts anderes von mir erwartet, gab mir an der Theke auch noch ein Bier aus. Sowas bringt Rocker-Renommee.

Aber so richtig wild sind sie eigentlich gar nicht, die Blutigen Engel von Landshut, mit denen ich nun schon seit einigen Wochen herumziehe. Allenfalls wild entschlossen, aufzufallen — aber das auch nicht um jeden Preis.

Da ist zum Beispiel die Discothek »Dudlhofer«, der einzige Landshuter Tanzschuppen, wo sie mit Clubjacke reindürfen. Wenn da mal der Wirt Hans Ossner nicht recht bei Laune ist und sagt »Heut' abend möcht' ich aber keinen inner Jacke sehen«, dann ziehen die Blutigen Engel artig ihre Clubjacken aus, falten sie säuberlich zusammen und verstauen den heiligen Rock unter ihrem Sitz.

Im »Klosterbräustüberl«, ihrem Vereinslokal, brauchen die Bloody Angels Beschränkungen dieser Art nicht zu fürchten. Freitags ist hier Clubabend. Wir werden mit großem Hallo begrüßt. Der Willi ist gerade mit dem Zug aus Ingolstadt angekommen, wo er als Flußpionier seine Wehrpflicht abreißt. »Da ist ja die Rocker-Mama«, begrüßt er seine Mutter, die Wirtin des »Klosterbräustüberls«. Durch die Tür neben dem Kruzifix geht er nach oben, um sich seine Rocker-Klamotten anzuziehen. Muttern hat schon die Knödel aufgesetzt.

Der Jimmy ist auch schon da, in Kluft natürlich. Um halb fünf hatte er Feierabend im Kernkraftwerk Ohu. Dort gehört er zum Reinigungstrupp. »Da ist ja unsere Nuklear-Putzfrau«, ruft Kansas. Langsam trudeln auch die anderen ein — Robert, der Bauzimmerer, Klaus, der Heizungsbauer, Schwalbe, der Schlosser, Heinz, der Automechaniker, Simpl, der als »Sergeant« des Clubs die Maschinen repariert. Und die Mädchen — die Friseuse Jutta, die Sekretärin Sylvia, die Arzthelferin Gaby, keine älter als 18 Jahre.

»Bei uns ist es anders als in anderen Clubs — hier dürfen die Mädchen Clubjacke tragen und haben Stimmrecht«, sagt mir Secretary Dieter. »Aber die haben ja sowieso dieselbe Meinung wie wir.« Wenn die Typen stumpf rumsitzen und kein einziges Wort sagen, sagen die Mädchen noch weniger.

Die Besitzverhältnisse sind klar: Jedes Mädchen hat einen festen Macker, daran gibt's nichts zu deuteln. »Mit Sylvia geh' ich jetzt schon über ein Jahr. Da geht keiner sonst aus der Gruppe ran, das gäb' Ärger«, sagt mir Road-Captain Frank. »Heiraten? Ja, irgendwann, ist doch klar.«

»Fährst' mit zur Rallye?« fragt Kansas, der Präsident, und reicht mir ein Einladungsschreiben des »Biker's Motor-Club« Neu-Ulm: »Hallo Fans! Zur diesjährigen knallharten Bewußtlosen-Rallye laden wir alle (Nicht-) Säufer ein.« Diese Rallyes sind Treffen, wie sie besonders in den Sommermonaten jedes Wochenende überall in Deutschland stattfinden. »Da treffen sich dann die ganzen Rocker und lassen die Sau vom Pflock«, meint Kansas.

Einem »Rallyeplan«, der unter den Clubs rumgeschickt wird, entnehme ich, wer wo feiert: Die »Death Angels« zum Beispiel in Saarbrücken, die »Diabolos« in Bad Neustadt, die »Bones« in Mannheim, die »Ghost Riders« in Kitzingen.

Dieses Wochenende fahren die Bloody Angels nach Neu-Ulm. Kansas, Mull, Muskel und ich fahren schon mal voraus auf den Maschinen. Unterwegs reißt zwar mehrmals die Kette an Kansas' 750er, das macht immer viel Arbeit und dreckige Finger. Aber ich erfahre auch etwas von der Faszination des Motorradfahrens.

Du sitzt mittendrin in der Natur. Wenn du durch den Wald fährst, riechst du den Wald. Abgeerntete Felder haben einen anderen Geruch als Wiesen. Im Tal spürst du die Wärme auf der Haut, oben auf dem Berg, den du mit 140 raufflitzt, fühlst du, daß es kalt ist — davon merkst du im Auto, diesem Stahlkäfig, nicht die Bohne. Man sollte öfter mal Motorrad fahren, denke ich.

»Bier her«, schreit Kansas, als wir auf der Wiese in dem alten Steinbruch ankommen, wo die Bewußtlosen-Rallye steigen soll. Alles ist durchorganisiert: Der Platz ist regulär angemietet, die »Biker's«-Rocker haben ein 30 mal 30 Meter großes Festzelt aufstellen lassen, es gibt Imbißbuden, eine Bar und riesige Lautsprecher-Anlagen. Einige hundert Rocker sind schon da, mit Zelt und Schlafsack. Eine Mischung von Schützenfest und Pfadfinderlager.

Aus dem Festzelt torkeln uns die ersten Besoffenen entgegen. Am Abend kannst du beim besten Willen niemanden mehr finden, der nüchtern ist. Es wird getrunken bis zum Umfallen. Zwei Tage lang. »Hier redet mir keiner rein. Wieviel ich sauf', das bestimm ich selbst«, meint Frank.

Sonntagnachmittag rüsten sich die Bloody Angels wieder zur Rückfahrt. »Ich hab' mindestens noch drei Promille, aber jetzt trink ich erst noch einen«, stöhnt Muskel. »Kommt gar nicht in Frage, jetzt geht's ab nach Hause«, weist ihn Präsident Kansas zurecht. Sie fahren pünktlich ab.

Montagmorgen werden sie alle wieder brav im Job sein — als Schlosser, Metzger und Zimmerer.

Ich treffe Joker, den Präsidenten des Motorrad-Clubs »Leibstandarte Deutschland«. Auf seiner Fliegerkappe aus schwarzem Leder trägt er einen Reichsadler mit Hakenkreuz, auf seiner Clubjacke sind die SS-Runen eingestickt. Er erzählt seinen neuesten Witz: »Wir haben ja gar nichts gegen Juden — außer Gas.« Mit seinen 32 Jahren ist er einer der ältesten auf dem Platz. »Diese Milchzahn-Rocker«, sagt er, »die haben doch kein Durchhaltevermögen. Die machen das ein paar Jährchen. Wenn die dann verheiratet sind, ziehen sie erst ihre Clubjacke aus, dann verkaufen sie ihre Maschine, schaffen sich einen Opel an und werden schließlich scheißnormale Bürger.«

Hundertjahrfeier

Wie der Krieg den Menschen edelt
Ein deutsches Lehrstück in neun Aufzügen

Prolog: »*Mit zäher Willenskraft, mit deutschem Kriegerernst und Kriegermut sind diese Tapferen durch tage- und wochen- und jahrelange Prüfungen des Körpers und der Seele mit übermenschlicher Kraft hindurchgeschritten, bis rascher Soldatentod sie zu bleibenden Helden stempelte.*«

(Aus dem »Erinnerungsbuch Schwäbische Helden — Weingarten im Weltkrieg!«)

1. Aufzug: Wie ein Diktator die Konjunktur ankurbelt. Ort und Zeit: Weingarten (Württ.), in den Jahren 1868, 1918, 1933 und zur Zeit der zweiten deutschen Republik.

Pickelhauben, Stahlhelme und Rommel-Porträts schmücken an diesem Wochenende, an dem es das Jubelfest »100 Jahre Garnisonsstadt Weingarten« zu feiern gilt, die Schaufensterauslagen der »Münsterstadt im Herzen Oberschwabens«.

Weingartens Geschäftswelt weiß, was sie ihren Soldaten schuldig ist. Sie schätzt das Militär seit 100 Jahren auf eine ganz besondere Weise. Eine von der Stadtverwaltung Weingarten herausgegebene Festschrift nennt die Gründe dieser althergebrachten Hochschätzung.

»Die Anwesenheit des Regiments belebte die Wirtschaft der Stadt. Das Gaststättengewerbe nahm einen mächtigen Aufschwung. In den Jahren 1871-1879 eröffneten allein 20 Kneipen und Schenken ihre Tore. Auch das Nahrungsmittel- und Bekleidungsgewerbe zogen aus der Anwesenheit der Soldaten Nutzen.« 1918 mußte Weingartens Wirtschaft einen Tiefschlag einstecken, von dem sie sich nur langsam erholen sollte: »Der unglückli-

51

che Ausgang des Ersten Weltkrieges traf Weingarten besonders hart. Es verlor seine Garnison und damit 2000 Verbraucher.«

Aber im Dritten Reich ging es dann wieder aufwärts, wie die städtische Festschrift klarstellt: »Nachdem Hitler 1933 zur Macht gelangt war, wurden umfangreiche Straßenbauten in Angriff genommen, und es wurde auch wieder aufgerüstet. Die dadurch eingeleitete Konjunktur brachte den hiesigen Betrieben wirtschaftlichen Aufschwung.«

Auch jetzt, unter bundesrepublikanischer Regierung, geht es wieder aufwärts. Denn nun sind wieder — neben einer französischen Einheit — »Soldaten unserer neuen Wehrmacht« (Weingartens Bürgermeister Richard Mayer) in der schwäbischen Provinzstadt stationiert. Die Bundeswehr-Soldaten wurden bei ihrem Einzug, so der Benediktiner-Pater Adalbert Nagel, »von Weingartens Bevölkerung freudig begrüßt«. Die Konjunktur nahm damit wieder einen Aufschwung. Wie vor 100 Jahren. Und wie 1933.

2. Aufzug: Wie man Engländer und Mongolen niedermäht. Ort und Zeit: Weingarten zur Zeit der zweiten deutschen Republik; Westfeldzug 1914 bis 1918; Ostfeldzug 1939 bis 1945.

An dem zwei Tage dauernden Bundeswehr-Garnisonsfest beteiligen sich mehrere hundert ehemals in Weingarten stationierte alte Kämpfer. Da sind zunächst einmal die Weltkrieg-I-Veteranen vom »Infanterie-Regiment ›König Wilhelm I‹ (6. Württ.) Nr. 124«. Wie die von der Stadtverwaltung herausgegebene Broschüre »Weingarten als Garnison und seine Truppenteile« berichtet, war einer der Höhepunkte für die »124er« die Arras-Schlacht im Ersten Weltkrieg.

Hier zeichnete sich die Einheit durch ganz besonders verdienstvolle Taten aus, indem sie »schoß und Handgranaten in die anstürmenden Massen warf. Die Maschinengewehre mähten die Engländer reihenweise nieder«. Das Regiment 124 wurde 1918 aufgelöst und ist — so die offizielle städtische Garnisonsgeschichte — »mit dem gesamten deutschen Heere, dem Unterpfand deutscher Macht und deutscher Ehre... zu Grabe getragen worden«.

Nach der vorübergehenden Stationierung von Polizei- und Reichswehr-Einheiten zog 1937 das Infanterie-Regiment 14 in die Weingartener Kaserne ein. Auch Soldaten dieser Einheit sind bei der Jubiläumsfeier dabei. Die »14er« beteiligten sich, wie die Geschichte des »Infanterie- und Sturmregiments 14« ausführlich berichtet, von 1939-1945 am »großen Kampf um Deutschlands Schicksal«, und ihnen trat beim Einmarsch in die Sowjetunion »etwas entgegen, von dem wir nur dumpf ahnten, daß es zutiefst verwandt war mit dem steppenhaften Charakter Asiens«. Sie wußten: »Es ist uns Deutschen seit je die Aufgabe gestellt, den Ansturm des Ostens abzuwehren. Besser, das Unvermeidliche geschieht heute, als in zehn Jahren. Denn noch sind wir die Stärkeren! Die Gedanken spannen sich von Tschingis Khan zu Napoleon, von den Katalaunischen Feldern zur Schlacht an der Beresina. Sollten wir berufen sein, dem Sturmwind Asiens zuvorzukommen?«

In der Sowjetunion stießen die Soldaten auf »versprengte Mongolentrupps«, und ihnen »schaudert, wenn man in die Nomadengesichter Asiens« blickt.

Das »Urää«-Gebrüll der Mongolen« vermochte die 14er des Zweiten Weltkrieges jedoch nicht zu schrecken: »Immer von neuem quellen die erdbraunen Massen (dabei könnte es sich möglicherweise um sowjetische Soldaten handeln. d. Verf.) aus den Schluchten hervor, stürmen die Hänge herunter oder brechen aus den zerfetzten Waldrändern hervor. Was nicht von den konzentrierten Feuerschlägen unserer Artillerie zerschmettert wird, wird von den tödlichen Garben der MG niedergemäht«.

Die ehemaligen »114er« und »14er«, die ihr vaterländisches Handwerk perfekt beherrschen und wissen, wie man mit Engländern und Mongolen umzugehen hat, haben sich mit den jungen Bundeswehrangehörigen vereint, um das militärische Jubelfest »100 Jahre Garnisonsstadt Weingarten« zu feiern. Ein reger Erfahrungsaustausch zwischen den verschiedenen Soldaten-Generationen ist angesagt.

3. Aufzug: Wie ein Staatssekretär zu Soldaten spricht. Ort und Zeit: Stadthalle Weingarten, Samstag, 18 Uhr; »Kameradschaftliches Beisammensein aller Einheiten mit Begrüßungsansprache« (Festprogramm der Stadtverwaltung).

Die Stadthalle ist bis auf den letzten Platz besetzt. Die Ehrengäste sitzen an einer großen Tafel links der Bühne, in der linken Saalhälfte haben die Angehörigen des Infanterieregiments 124 Platz genommen, rechts sitzen die Angehörigen der Polizeieinheiten, des Ergänzungsbataillons 30/34/14 sowie des Infanterieregiments 14. Es gibt Freibier für die Ex-Soldaten, Weingartens Fanfarenzug »Welfen« marschiert ein und nimmt auf der

»Der Krieg als Völkerzucht in der Hand Gottes« – im Fackelschein werden
die Bundeswehr-Rekruten feierlich auf ihre Aufgabe eingeschworen

Bühne, vor sechs militärischen Traditionsfahnen, Aufstellung. Bürgermeister Mayer begrüßt, ein Staatssekretär aus dem Bonner Verteidigungsministerium spricht.

Der Staatssekretär bezeichnet die »Kameradschaft ehemaliger 114er und 14er«, die für das im 2. Aufzug zitierte Buch verantwortlich zeichnet, als beispielhaft und nennt sie »eine der Klammern im Zusammenleben von Bürgern und Soldaten hier im Bodenseeraum«. Er fordert, die »überlieferten Werte vom Überholten und Unwerten zu trennen« und bei der militärischen Traditionspflege »die wahrhaft tragenden Überlieferungswerte in diese veränderte Welt einzuordnen«. Als »traditionsprägende Gestalt« bezeichnet der Bonner Staatssekretär unter dem Beifall der ehemaligen Wehrmachtssoldaten und der Bundeswehrangehörigen den Oberfeldwebel Schreiber aus dem Infanterie- und Sturmregiment 14, dem Hitler im Führerhauptquartier persönlich das »Ritterkreuz mit Eichenlaub« für seinen Kampfeinsatz in der Sowjetunion überreicht hatte.

4. Aufzug: Wie Soldaten sich vor Gott und dem Gesetz verpflichten. Ort und Zeit: Stadion Weingarten, Samstag, 20.30 Uhr; »Feierliche Vereidigung der deutschen Rekruten, Aufnahme der französischen Rekruten in das 5. Husarenregiment, Vorstellung der Standarte, Großer Zapfenstreich« (Festprogramm).

Die jungen Soldaten werden »entsprechend einer guten alten Soldatentradition... vor Gott und dem Gesetz feierlich verpflichtet« (der deutsche Standortkommandant Oberstleutnant Gräter vom Fernmeldeverbindungsbataillon 795) beziehungsweise in das 5. französische Husarenregiment aufgenommen, dessen Soldaten bereits »mit ihrem eigenen Blut ihre Siege auf die Regimentsfahne geschrieben haben« (der französische Standortkommandant Colonel Perrin).

Das mit Fackeln erhellte Schauspiel im Weingartener Stadion endet mit dem Großen Zapfenstreich und dem militärischen Befehl: »Helm ab zum Gebet.« Damit sind die jungen Bürger in Uniform in die traditionsreiche Gemeinschaft der Soldaten aufgenommen. Neben mir auf der vollbesetzten Tribüne zwei Offizierswitwen. Wie ich höre, sind ihre Männer im Zweiten Weltkrieg gefallen. Die eine erzählt ihrer Begleiterin, ihr Sohn sei mit 35 Jahren bereits Major und Bataillonskommandeur in der Bundeswehr: »Schade, daß mein seliger Mann das nicht noch erleben konnte. Er wäre so stolz auf unseren Jungen.«

Ein junger Mann springt über die Brüstung der Tribüne und rennt auf die in Reih und Glied angetretenen Soldaten zu. Er trägt ein Transparent. Ich kann nicht lesen, was darauf steht. Drei Feldjäger haben ihn gepackt, das Schild zerknickt und ihn im Polizeigriff abgeführt. Die gesprächige Offizierswitwe neben mir kommentiert den Vorgang: »Langhaariger Störer! Kurzer Prozeß, das ist es, was hier hilft. Sowas hätte mein Mann an die Wand gestellt, wie die Partisanen in Charkow.«

5. Aufzug: Wie die Jungen von den Alten lernen. Ort und Zeit: Verschiedene Gaststätten in Weingarten, Nacht von Samstag auf Sonntag: »Treffen der einzelnen Einheiten in ihren Lokalen« (Festprogramm); die Soldaten der Bundeswehr verteilen sich auf die verschiedenen Lokale.

Die ehemaligen Angehörigen des »Infanterie-Regiments 124« aus dem Ersten Weltkrieg versammeln sich in der »Klosterbrauerei-Gaststätte Koepff« in der St.-Longinus-Straße. Obwohl der »Seehase«, das Mitteilungsblatt ehemaliger 114er und 14er, in seiner letzten Ausgabe schreibt, die Ex-Soldaten seien nicht bereit, sich »am Parteiengezänk zu beteiligen« (»... wir sind auch heute noch Soldaten mit Disziplin und Grundsätzen und können deshalb keine erfolgreichen Politiker sein... «) wird beim »Kameradentreffen« in der Gaststätte Stammtisch-Politik gemacht.

Ein alter Kämpe aus dem Ersten Weltkrieg — er war auch bei der Reichswehr und bei Hitlers Wehrmacht wieder dabei — berichtet von seinen Erfahrungen bei Protestkundgebungen gegen das Wiedererstarken der antidemokratischen Kräfte am 22. Juni 1920 in Weingarten und Ravensburg, wo sein Bataillon zur »Wiederherstellung der notwendigen staatlichen Ordnung« eingesetzt war: »Als wir aus der Weingartener Kaserne ausrückten, wurden wir von den Leuten hier als Noske-Bluthunde und Brudermörder beschimpft. Hier in Weingarten wurde damals allerhand demoliert, und in Ravensburg auch von den radikalen Elementen. Wir haben dann aber richtig aufgeräumt. Bei der Auflösung einer Demonstration in Ravensburg gab es bei den Radikalen einen Toten und achtzehn oder zwanzig Schwerverletzte.«

Der 70jährige nimmt noch einen Schluck Bier und fährt dann fort: »Daran sollte sich unsere neue Wehrmacht ein Beispiel nehmen, dann gäbe es keine Straßenkrawalle mehr und so.« Ein Bundeswehrgefreiter, der dem Veteran gegenübersitzt, nickt zustimmend: »Das ist doch schon geregelt.

Wenn's hart auf hart geht, kämpfen wir natürlich auch gegen den Feind im Innern, Streikende, Arbeitsverweigerer und linke Saboteure.«

Die Weltkrieg-II-Soldaten des Infanterieregiments 14 tagen in der »Stadtwirtschaft«, im »Hirsch«, im »Kornhaus« und im »Schützen«. Auch hier werden Erinnerungen an vergangene Zeiten aufgefrischt.

Ein ehemaliger Unteroffizier, jetzt Angestellter in Konstanz, klärt zwei der gerade vereidigten Bundeswehr-Rekruten über die Strategie der Vorwärtsverteidigung, wie er es nennt, auf: »Obwohl ich von den Russen nicht viel halte, was die in der Tschechoslowakei geleistet haben, ist schon ein militärisches Meisterstück. Da könnt Ihr Euch schon eine Scheibe von abschneiden.« Die beiden Jung-Soldaten bestätigen etwas schüchtern, daß die »Okkupation von Fremdländern« in der letzten Instruktionsstunde ausführlich besprochen wurde.

Bis spät in die Nacht wird in den Gaststätten gefeiert. Gegen 2 Uhr zieht eine ungefähr zehnköpfige Gruppe — ältere Zivilisten haben drei Bundeswehr-Soldaten untergehakt — durch die Stadt.

Sie grölen ein Lied. Das Deutschland-Lied. Aber nicht dessen dritte Strophe.

6. Aufzug: Wie der Krieg als Zuchtrute Gottes zu verstehen ist. Ort und Zeit: Katholische Barock-Basilika Weingarten, Sonntag, 8.30 Uhr, »Militär-Gottesdienst« (Gottesdienstordnung).

Domprälat Hufnagel vom Ordinariat Rottenburg — im Ersten Weltkrieg aktiver Soldat, im Zweiten Weltkrieg Militärgeistlicher — zelebriert die Messe. In seiner Predigt erklärt er, daß eine »Wiedersehensfeier alter Soldaten nicht anders beginnen kann als mit Gott«. Sein Gedenken gilt den Gefallenen beider Weltkriege, »die ihr Leben in bestem Glauben auf dem Feld der Ehre für das Vaterland hingaben«. Im Gebet bittet der Geistliche den Allmächtigen, »allen von Weingarten ausgezogenen und für Volk und Vaterland gefallenen Soldaten den Siegespreis des Ewigen Lebens zu verleihen«.

Weingartens Geistlichkeit fühlt sich seit jeher ihren Soldaten verpflichtet. So zogen die Soldaten 1914 nach einem »erhebenden Feldgottesdienst von den Garnisonspfarrern beider Konfessionen« (städtische Garnisonsgeschichte) in den Krieg, und der damalige katholische Ortsgeistliche, Stadtpfarrer Karl Pfaff, fühlte mit seinen Soldaten: »In den Kriegsjahren 1914 bis 1918 war er ganz auf seinem Posten als Garnisonspfarrer, und es blutete sein Herz, als das Ende der Garnison und des Reiches kam« (Pater Paul Schneider vom Benediktiner-Kloster Weingarten).

Auch heute ist das Verhältnis zwischen Kirche und Militär in Weingarten nicht weniger innig. Das letzte »Kirchenblatt für die katholischen Stadtgemeinden St. Martin und St. Marien in Weingarten« wünscht sich für die Garnisonsstadt weiterhin Männer von »echt soldatischem Geist, dann wird auch unsere Zukunft in Gott und seiner ernstgenommenen Ordnung gesichert sein«.

Nach Weingartens »Kirchenblatt« enthält »das Evangelium… keine ausdrückliche und allgemeine Verdammung des Krieges«. Mehr noch: »… das Evangelium und die Lehrer der Kirche haben keinen Zweifel daran gelassen, daß der Krieg auch weiterhin als Mittel der Völkerzucht in der Hand Gottes … bis zum Ende der Zeit immer wieder die Menschen erschüttern wird«.

Gestärkt durch den geistlichen Zuspruch von Domprälat Hufnagel verlassen Zivilisten und Soldaten das Gotteshaus, dessen Portal der Spruch »Asyl des Vaterlandes« schmückt.

7. Aufzug: Wie ein General die Toten ehrt. Ort und Zeit: Kriegerdenkmal an der Außenwand der Weingartener Basilika, Sonntag, 9.40 Uhr; »Gedenkfeier für die Gefallenen beider Weltkriege mit Kranzniederlegung durch Herrn Generallt. a. D. Botsch, Schwäbisch Gmünd« (Festprogramm).

Ein Musikkorps der Bundeswehr spielt, Bundeswehr-Soldaten halten mit geschulterten Karabinern Ehrenwache am Denkmal, ein General schreitet zur Rednertribüne, um jener zu gedenken, die auszogen »zu schützen Heim und Herd«. In den Zweiten Weltkrieg, so meint er, sei man nicht mit so viel Begeisterung gezogen wie in den Ersten, denn »dieser Krieg war ein ungerechter Krieg, aber jeder Soldat hat nur seine Pflicht getan«. Schön sei der Tod für das Vaterland zwar nicht, aber auf alle Fälle sei er ehrenvoll: »Ehrenvoll, das wollen wir Soldaten immer gelten lassen!«

8. Aufzug: Wie man einen toten General ehrt. Ort und Zeit: Weingarten, Vorderfront des Hauses, Kirchstraße 16, Sonntag 10.15 Uhr; Enthüllung einer Gedenktafel für Generalfeldmarschall Rommel.

Der deutsche und der französische Standortkommandant, Bürgermeister Richard Mayer, Domprälat Hufnagel und der Sohn von Generalfeldmarschall Rommel, Manfred Rommel aus Stuttgart, haben neben der zu enthüllenden Gedenktafel Aufstellung genommen. Stadtgarde und Kavallerievereinigung Weingarten, in alte Kriegsuniformen gekleidet, rücken hoch zu Roß aus Richtung Basilika heran.

Nach den Worten von Bürgermeister Mayer ist die Gedenktafel »dem Manne und seiner soldatischen Leistung gewidmet«, der als »treuer Sohn der schwäbischen Erde« vor dem Ersten Weltkrieg zeitweise in diesem Haus wohnte. Ein als »Mitkämpfer Rommels« angekündigter ehemaliger Oberstleutnant, Forstrat Otto Birk aus Nagold, erklärt in seiner Gedenkrede: »Der Krieg hat Rommels Gaben voll zur Entfaltung gebracht, er hat ihn geadelt. Im Krieg, da war er wirklich in seinem Element!«

9. und letzter Aufzug: Wie die Erinnerung wach wird. Ort und Zeit: Argonnenkaserne Weingarten, Sonntag, ab 10.30 Uhr »Kameradschaftstreffen mit Frühschoppen, Kasernenbesichtigung, Vorführungen und Feldküchenessen«; ab 12.30 Uhr »Tag der offenen Tür«.

In der Kaserne gibt es »Erbsen und Speck mit Brot, der im Plastikgeschirr servierte Schlag zu 1.50 DM« (»Schwäbische Zeitung«), die Mitglieder des bis zum Zweiten Weltkrieg in der Argonnenkaserne stationierten Infanterieregiments 14 essen in der Mannschaftskantine, der Herr Kommandeur gibt einen Empfang mit Sekt und Häppchen, den ganz Kleinen werden Märchenfilme vorgeführt, den etwas Größeren werden Waffen und Gerät gezeigt. Auf dem Schießstand kann geschossen werden.

Interessiert begutachten zwei ehemalige Frontkämpfer die neuen Waffen der Bundeswehr. Einer von ihnen ruft plötzlich: »Mensch, das ist ja unser altes MG 42!« Er bringt es fachgerecht in Anschlag und sagt zu seinem Begleiter: »Damit haben wir es dem Iwan aber ganz schön gegeben. Daß es das in der Bundeswehr noch gibt, hätte ich nicht gedacht. Das ist ja wie früher.«

Ist es wie früher?

Epilog: *»Leid genug haben die Kriege gebracht, doch ist unsere Stadt selbst recht gnädig davongekommen. Keiner hat sein Daheim verloren, unser Lebensraum liegt in einem gesegneten Land, unsere Wirtschaft blüht, so daß jeder sein Auskommen hat.«*
(Weingartens Bürgermeister Richard Mayer)

Die Kirchen-
besetzung

Ich wache auf — über meinem Kopf eine schwere Holzplatte. Mir dämmert's: Ich liege im Schlafsack unter dem Altar der evangelischen St.-Petri-Kirche in Hamburg. Draußen am Portal, zwischen den Statuen von St. Markus und St. Matthäus, hängt das Transparent: »Keine Prozesse gegen AKW-Gegner — kriminell ist die Atomindustrie.« Die Kirche ist von Kernkraftgegnern besetzt. Neben mir schält sich die blonde 18jährige Annika aus ihrem Schlafsack und kommt gleich zum Thema: »Jetzt, wo nach Harrisburg alles klar ist, sehen wir nicht ein, daß einer von uns ins Gefängnis soll, weil er gegen Atomkraftwerke demonstriert hat.«

Erst vor einer Woche hatte ein folgenschwerer Reaktorunfall in dem amerikanischen Kernkraftwerk Harrisburg wieder einmal die Gefährlichkeit der Nuklearfabriken verdeutlicht. Dazu lese ich in einem Flugblatt, das mir ein Junge im Parka neben der Sakristei in die Hand drückt: »Wir erinnern an die alte Geschichte vom Turmbau zu Babel, in der den Menschen ihre maßlose Selbstüberschätzung zum Verhängnis wurde. Solche Turmbauten sind bereits überall in der Welt installiert. In der BRD soll das Atomprogramm durch die gigantische Atomfabrik in Gorleben gekrönt werden. Damals zerfiel der Turm. In diesen Tagen zerfällt der Reaktor in Harrisburg, und dabei werden Tausende — wenn nicht Millionen — von Menschen für Generationen gefährdet und geschädigt.« Unterschrieben haben das mehrere Geistliche.

Den, der seit diesem Montag nach Harrisburg für ein Jahr in den Knast soll, treffe ich im Seitenschiff, wo eine provisorische Küche eingerichtet

Vorübergehend Schutz im Gotteshaus – Kirchenbesetzer »Eso« Oldefest

»Guevara-Lied« zur Aufmunterung – Wolf Biermann mit Kromschröder

»Auch die Kirche sieht die Bedrohung der Menschheit durch die Kernenergie« – die Besetzer nächtigen in Schlafsäcken in der Kirche

»Wir erinnern an die alte Geschichte vom Turmbau zu Babel« – die Besetzer diskutieren vor der Kreuzigungs-Gruppe der St.-Petri-Kirche

ist: Helmut »Eso« Oldefest, ein 32 Jahre alter bärtiger Landkommunarde in Leder-Jeans. Mit fünf anderen AKW-Gegnern war er nach einer Demonstration gegen das Atomkraftwerk Grohnde bei Hameln wegen Landfriedensbruchs zu Haftstrafen zwischen neun und 13 Monaten verurteilt worden.

Helmut Oldefest soll mit einem Knüppel auf einen Polizisten losgegangen sein und ihn außerdem in den Stiefel gebissen haben — wobei sich die Frage stellt, wie Eso mit den Zähnen an den Stiefel des Polizisten kam.

Ich frühstücke mit dem Verurteilten unterm »Abendmahl« — einem fünf Quadratmeter großen Ölbild aus dem Jahre 1595. »Christus und die Jünger in lebhafter Bewegung um den reichgedeckten Tisch«, so wird das Gemälde im Kirchenführer St. Petri beschrieben. Vor uns auf einem großen Tablett Schafskäse, Honig, Müsli, Kartoffelsalat. Das Brot, das wir aufschneiden, ist das Geschenk einer benachbarten Bäckerei.

»Eigentlich wollte ich ja in den Knast«, berichtet er, »aber nach der Katastrophe in Harrisburg haben wir dann beschlossen, die Kirche zu besetzen, um unserer Forderung Nachdruck zu verleihen: Aufhebung aller Urteile gegen AKW-Gegner, die ja nun auch noch die Kosten für den völlig übertriebenen Polizeieinsatz in Grohnde bezahlen sollen — fast eine halbe Million Mark.« Außerdem, so fordert Eso, sollen alle Atomanlagen stillgelegt werden.

Immer mehr Leute drängen sich an den Tisch. Eso genießt es, so etwas wie der erste Märtyrer der AKW-Bewegung zu sein. Bereitwillig verschenkt er Fotos, die ihn im Ledermantel und mit seiner typischen Häkelmütze zeigen, Fanpostkarten fast.

Die Zuwendung gibt ihm Sicherheit. »In der Kirche bin ich erst mal sicher«, sagt er, »die Bullen werden hier nicht so schnell mit vollem Orchester reinplatzen.«

Inzwischen haben die Kehrkommandos der Besetzer ihre Arbeit aufgenommen, auf dem roten Teppich im Mittelgang surrt der Staubsauger, große graue Mülltüten werden mit einem VW-Bus weggebracht.

Sie sind eine bunt zusammengewürfelte Schar, die Kirchenbesetzer. Es sind Geistliche dabei in Anoraks, federgeschmückte »Stadtindianer«, die es sich trotz der Kälte nicht nehmen lassen, barfuß auf den Steinplatten herumzulaufen. Da sieht man leicht angegraute Mittdreißiger, die schon in der APO-Zeit aktiv waren, und ganz junge Lederjacken-Anarchisten, vereinzelt sogar mal ein DKP-Mitglied, Leute der ländlichen Alternativ-

Szene mit selbstgewebten Umhängen. Allen gemeinsam ist der gelbrote Sticker »Atomkraft — Nein danke!« mit der lachenden Sonne.

Die ersten neugierigen Bürger tauchen auf, und der Zustrom wird den ganzen Tag über nicht abreißen. Die Besetzer hängen Wandzeitungen aus, verteilen Flugblätter, diskutieren mit den Besuchern. Eine gut 40 Jahre alte Frau im grauen Kostüm empfiehlt den Besetzern zwar einen »Lastwagen, um alle über die Zonengrenze zu schaffen«, aber die meisten Gäste haben zumindest Verständnis für das Problem der Besetzer.

Der Nuklear-Unfall in Harrisburg scheint bei vielen das Bewußtsein geschärft zu haben.

Der Hauptpastor von St. Petri, Carl Malsch, weiß seine Kirche bei den Besetzern in guten Händen. Und er weiß, daß die Kirche zur Frage der Kernenergie zu lange geschwiegen hat: »Die Kirche hat es allzu häufig mit den Mächtigen gehalten, das müssen wir jetzt nachholen.« Doch der Druck auf den Geistlichen wächst. Im Gemeindehaus nebenan diskutiert seit Stunden der Kirchenvorstand. Immerhin sind schon 14 Gemeindemitglieder aus der Kirche ausgetreten, weil die Kirchenoberen die Besetzung dulden.

Eine Delegation der Kirchenbesetzer geht hinüber. Leise steigen wir die Treppen hoch — im ersten Stock probt der Kirchenchor gerade Bachs Johannes-Passion. Im zweiten Stock treffen wir auf Pastor Gunnar von Schlippe, der den Demonstranten am Montag die Kirchentüren geöffnet hatte. »Ich habe mit Ministerpräsident Albrecht in Hannover telefoniert«, berichtet der 52 Jahre alte grauhaarige Geistliche, »aber er hat mein Gnadengesuch für Eso leider abgelehnt.« Um unserer Abordnung dennoch Mut zu machen, sagt er dann: »Es ist nicht zufällig, daß Ihr in St. Petri seid. Auch die Kirche sieht die Bedrohung der Menschheit durch die Kernenergie.«

Abends um halb zehn, nach mehr als sechsstündiger Beratung, hat der Kirchenvorstand seine Erklärung formuliert: »Sie wurden in unsere Kirche hineingelassen. Wir haben die Besetzung geduldet. Wir erwarten, daß Sie die Kirche jetzt räumen.« Die konservative Vorstands-Mehrheit hat gesiegt. Die fast 300 Besetzer beschließen bei nur sieben Enthaltungen, die Kirche nicht zu räumen. Danach wird unter dem Plakat »Atomkraft ist nicht Gottes Wille« getanzt und gesungen: »Wehrt Euch, leistet Widerstand, schließt Euch fest zusammen« — bis um 24 Uhr das Licht ausgeht.

Der Haftbefehl gegen Eso ist unterwegs, zwei als Kernkraftgegner verkleidete Polizeispitzel werden enttarnt. Sie fliehen durch den Seitenausgang. Da die Besetzer jetzt stündlich mit dem Auftauchen der Polizei rechnen, verrammeln sie die Kirchentüren mit Eisenstangen. Wachposten mit Walkie-talkies ziehen rund um St. Petri auf.

Am nächsten Morgen bilden sich wieder die üblichen Schlangen vor der einzigen Toilette des Kirchenhauses. Aber es gibt Ausweichmöglichkeiten gleich gegenüber, auf Hamburgs Konsummeile, der Mönckebergstraße. »Karstadt hat nette Klos mit fließendem kaltem und warmem Wasser — 2. Stock, Treppe 6«, empfiehlt ein Zettel an der Tür. Gemäß der über der Behelfsküche im Seitenschiff aufgehängten Losung »Liebe Leute, bitte müllt nicht so rum«, beginnt der Besetzer-Alltag mit Saubermachen. Unter der Orgel wird ein neues handgemaltes Plakat angebracht: »Laut Bild-Zeitung randalieren wir schon seit Tagen. Warum steht die Kirche immer noch? Komisch!«

Der Liedermacher Wolf Biermann erscheint und singt sein »Guevara-Lied«, Stimmung kommt auf, überall im Kirchenschiff werden Gitarren angeschlagen. Am Abend baut dann eine Rock-Kapelle ihre Verstärker vor dem Altar auf.

Nur oben auf der Galerie über dem Kirchenschiff geht es nicht ganz so fröhlich zu. Dort sitzt, umgeben von Freunden in schwarzem Leder, Helmut Eso Oldefest. Kirchenbänke stehen am oberen Treppenende als Barrikaden bereit — und Eimer voller Schmierseife für das Mobile Einsatzkommando, das den Haftbefehl gegen Eso vollstrecken soll. Doch die Polizei bleibt aus. Am nächsten Morgen ist Eso verschwunden. In der Kirche hatte er kein Asyl gefunden, jetzt sucht er es in Holland. Nach insgesamt 16 Tagen Besetzung ziehen auch die restlichen Kernkraftgegner ab. Sie haben Altar und Bänke mit Hunderten von Blumen geschmückt.

»St. Petri endlich wieder eine Kirche«, jubelt Bild-Hamburg in einer Schlagzeile — als wäre die Kirche während der Besetzung je etwas anderes gewesen als eine Kirche. Und das, was Eso und seine Freunde in St. Petri gemacht haben, hat durchaus Kirchen-Tradition. Im Petrihaus, so steht in der Kirchenchronik zu lesen, war früher eine Fluchtburg für Verfolgte, in die sich schon »vor bald 1000 Jahren die Bürger vor den Feinden retteten«.

Der Exorzist

»Grüß Gott, hochwürdiger Vater, wir heißen Nikolaus Jungwirth und Gerhard Kromschröder und kommen von weither.« Die lange überlegte Begrüßungsformel soll Wärme schaffen, doch der so Angesprochene bleibt frostig: Pater Arnold Renz, Pfarrer von St. Pius in der Spessartgemeinde Schippach und Chef des dortigen Klosters der »Gesellschaft vom Göttlichen Heiland« (Societas Divini Salvatoris).

Wir haben den Salvatorianerpater lange gesucht. In seinem Kloster hatte man uns die Tür vor der Nase zugeknallt, im Pfarrhaus war er nicht aufzutreiben gewesen. Tagelang haben wir in der Bundesrepublik herumtelefoniert, aber er blieb verschwunden. Seine Ordensoberen hatten Redeverbot erteilt, die offiziellen Stellen wollten keine Kontakte herstellen. Die Verweigerung der kirchlichen Bürokratie schien perfekt. Doch jetzt stehen wir vor ihm.

Dieser scheinbar sanftmütige Geistliche mit den weißen, nach hinten gekämmten Haaren ist also der leibhaftige »Teufelsaustreiber von Klingenberg«. Dort nämlich hat er einem epileptischen Mädchen so erfolgreich den Satan ausgetrieben, daß es gestorben ist.

Über 300 Kilometer südlich vom Ort der Tat haben wir den Hof der Familie Renz in Hiltensweiler (1 Kirche, 2 Gasthöfe, 18 Häuser) gefunden, wo sich der Exorzist versteckt hält.

Auf unserer Fahrt nach Süden haben wir den Klingenberger Fall rekonstruiert: Bei der Studentin der Pädagogik und Theologie Anneliese Michel, die schon lange unter krampfartigen Anfällen litt, hatten Ärzte Epilepsie diagnostiziert. Doch ihre frommen Eltern sorgten nicht für eine gründliche medizinische Behandlung der Leiden ihrer Tochter. Sie ließen stattdessen den Jesuitenpater Adolf Rodewyk aus Frankfurt anreisen. Der Teufelsexperte und bischöfliche Berater konstatierte, das Mädchen sei leibhaftig vom Teufel besessen: »Dies ist kein Fall für den Arzt, sondern für den Priester.« Nach Lektüre von Rodewyks Teufels-Diagnose verordnete Bischof Stangl von Würzburg als Therapie den »Großen Exorzismus« an der 23 Jahre alten Anneliese Michel.

Der mit der Teufelsaustreibung beauftragte Pater Renz, den wir jetzt besuchen, schritt unverzüglich zur Tat. Sein Handwerkszeug: Weihwasserkessel, Kruzifix, Stola, eine über 300 Jahre alte Ritualanweisung, Fotoapparat und Tonbandgerät. Der Exorzist stellte bald fest, daß bei dem Mädchen nicht nur Lucifer und Judas aus- und einfuhren. Auch Kain und Nero erschienen, der immer nur »Heil, heil, heil!« brüllende Adolf Hitler und ein Dämon namens Pfarrer Fleischmann, der im 17. Jahrhundert ein Mädchen verführt und umgebracht haben soll.

Um dem Mädchen die bösen Geister auszutreiben, murmelte Exorzist Renz immer wieder: »Im Namen des unbefleckten Lammes, das über die Nattern und die Ottern schritt, erzittere und fliehe, du nichtsnutziger Drache.« Und Pfarrer Alt, der Pater Renz bei diesen Therapieversuchen assistierte, fiel ein: »Ich beschwöre dich, alte Schlange, Du Verführer voller List und Trug, Du Grauenhaftester.«

Nach zehn Monaten verbissener Teufelsaustreibung sind alle Dämonen ausgetrieben. Aber Anneliese Michel wiegt nur noch 30 Kilo. Am Morgen nach der 73. exorzistischen Sitzung liegt das zum Skelett abgemagerte Mädchen tot im Bett, regelrecht verhungert und verdurstet. Sie hätte ärztliche Hilfe nötiger gehabt als mittelalterliche Bannflüche.

Pater Renz, den wir jetzt gefunden haben, ficht das alles nicht an. »Wegen der Klingenberger Sache«, sagt er uns unaufgefordert, »habe ich mir nichts vorzuwerfen.« Er steht immer noch in der Tür seines väterlichen Bauernhofes am Bodensee und sieht uns unverwandt und skeptisch an. »Darüber darf ich aber keine Auskunft geben«, sagt er. Wir kämen wegen einer anderen Sache, sagen wir. Sein Bruder Johann stapft währenddessen in grünen Gummistiefeln über den Hof, ohne von uns Notiz zu nehmen. Er verschwindet mit klappernden Eimern im Kuhstall, der sich direkt an das Wohnhaus anschließt.

»Um was geht es denn eigentlich«, fragt der Pater, immer noch auf Distanz bedacht. Wir merken, daß es uns noch nicht gelungen ist, uns das Interesse des Exorzisten zu sichern. Deshalb stammeln wir etwas wirr die vorher unter uns vereinbarten Reizworte, die das Eis brechen sollen: »Ach wissen Sie, wir wohnen in diesem schrecklichen Frankfurt, wo alles so unchristlich ist heutzutrage... « Wir reden von unheilvollen politischen Entwicklungen: »Die Regierung ist so unchristlich... der Sozialismus greift um sich ... man sieht das ja immer im Fernsehen... die ganzen Nackten und die Pornographie... und man fragt sich halt, wo das alles herkommt und wie das Böse in der Welt zu erkennen ist ... « Und wir kommen zum eigentlichen Zweck unseres Besuchs: »Wir haben da mit ein paar Arbeitskollegen ein Schriftstück aufgesetzt, und die haben gesagt: Gut, fahrt doch mal zum Pater Renz und fragt den mal. Vielleicht können Sie uns das einmal durchsehen und uns einen Rat geben, ob das so richtig ist oder nicht.«

Das reicht dem im Umgang mit verwirrten Personen geübten Geistlichen. Er lächelt milde, wie ein Reklamepastor, der für die personifizierte mütterliche Güte seiner Kirche wirbt, und läßt uns ins Haus. Damit sind wir unserem Vorhaben ein beträchtliches Stück näher. Denn was uns interessiert, ist folgendes: Wenn eine Geschichte wie die in Klingenberg geschehen kann — mit der Konsequenz einer jungen Toten und ungeschorenen Teufelsaustreibern — , welche Konsequenzen sind außerdem möglich? Weil ein Dogma recht behalten sollte, ist ein Mensch gestorben — wird ähnlich wie in einem solchen individuellen Fall auch die politische Landschaft verteufelt, sofern sie anders ist, als es einem Exorzisten gefällt? Soll hier das Unaufgearbeitete in dessen eigenem Unterbewußtsein vielleicht als Werk des Satans auf andere, außenstehende Personen oder Gruppen projiziert werden?

Von der katholischen Kirche ist man seit langem Äußerungen gewöhnt, die man als skurrile, pittoreske Schnörkel nicht wichtig nehmen mochte: Wenn zum Beispiel Kardinal Höffner, der Vorsitzende der Deutschen Bischofskonferenz, sagt: »Die katholische Theologie hält an der Existenz des Teufels und der dämonischen Mächte fest.« Aber hat die Macht der Kirchenautoritäten — ob Papst in Rom, Erzbischof in Köln, Bischof Stangl in Würzburg, Exorzistenpater Renz in Klingenberg — nicht andererseits starken Einfluß auf die persönlichen Entscheidungen von Millionen Bundesbürgern und damit auch auf die politischen? Muß der gehörnte Bösewicht mit dem langen Schweif vielleicht auch dazu herhalten, die von der Kirche tabuierten Probleme auf seinen Rücken zu nehmen? Steckt ihr

»Der Satan sitzt überall« – Teufelsaustreiber Arnold Renz mit seinem Besucher Gerhard Kromschröder vor dem Renz-Hof in Hiltensweiler

GEGEN DAS WIRKEN

DES BÖSEN IN DER WELT

①

Der Satan vermag die Sinne das Menschen für seine Absichten zu gebrauchen, die Seele zu verwirren und im Menschen die seltsamsten Wirkungen hervorzubringen.

Das Wirken des Bösen zeigt sich in unserer Zeit auch in folgendem:

②

1. Die arbeitende Bevölkerung will für immer weniger Arbeit immer mehr Geld.

2. Niemand will mehr dienen, jeder will sein eigener Herr sein.

③

3. Immer mehr Ehefrauen sind ungehorsam gegenüber ihren Ehemännern; sie wollen mit dem Mann gleichgestellt sein.

④

4. Die Menschen nehmen nicht mehr den Platz an, auf den sie gestellt sind. Sie wollen den Stand, in den sie hineingeboren sind, verlassen und unter besseren Lebensbedingungen leben.

⑤

5. Der Unternehmer ist nicht mehr Herr im eigenen Haus, immer mehr Arbeiter wollen mitbestimmen.

⑥

6. An den Schulen und in anderen Bereichen wollen immer mehr Menschen nicht mehr widerspruchslos bestehende Lehrmeinungen annehmen, sondern eigene Meinungen entwickeln.

⑦

7. In den Münchner Arbeitsgerichten sollen die Kruzifixe abgehängt werden.

⑧

Überall zeigt sich: die göttliche Weltordnung ist durch Satans Wirken bedroht. Der Teufel übt heute Macht in der Welt aus, indem er die Menschen zu neuen Lehren verführt, die eine Gefahr darstellen für alles Überkommene und Gestrige. Der Sozialismus will alles zerstören. Sozialdemokratische Reformsucht kommt vom Bösen.

⑨

⑩

Erkennt den Teufel! Wählt zwischen Heil und Verdammnis, zwischen Gott und Satan, zwischen Freiheit und Sozialismus!

Auch bei der Bundestagswahl gilt: "Brüder, seid stark im Herrn durch seine mächtige Kraft. Legt die Waffenrüstung Gottes an, um den Ränken des Teufels widerstehen zu können." (Eph. 6, 10-11)

⑪

⑫

Erkennt diejenigen, die der Teufel zu seinen Werkzeugen gemacht hat!

Warum der Teufel SPD wählt - Jungwirth und Kromschröders »Wahlaufruf« (links) mit den Verbesserungen des Teufelsaustreibers Arnold Renz (rechts)

(1) Der Kommentar von Pater Renz: »›Seele‹ ist hier falsch. Schreiben Sie stattdessen: ›Geist‹«. *(Hier steht Exorzisten-Meinung gegen Exorzisten-Meinung: die beanstandete Passage stammt aus dem Buch »Satans Macht und Wirken« des Teufels-Kenners Pfarrer P. Sutter.)*

(2) Der Exorzist: »Ja, das ist richtig. Das ist der Materialismus, nur das Irdische und die Materie gilt.«

(3) »Ja, stimmt genau!«

(4) »Ja, das kann so bleiben. Schon in der Bibel heißt es: ›Die Frau sei dem Manne untertan.‹ Wo Gleichheit ist, ist keine Einheit. Das Haupt der Familie ist der Mann.«

(5) »Ja, die Menschen wollen immer höher hinaus. Es ist gut, wenn einer eine bessere Stellung haben will, zum Beispiel wenn ein Arbeiter Installateur werden will. Aber verwerflich ist das Unzufriedene, der Neid der Unteren auf die Oberen. Die Unteren wollen nur, daß die Oberen wegkommen, um die dann zu unterdrücken.«

(6) »Ich kenne eine Fabrik im Allgäu, die stellt Aluminiumleitern her. Da steht der Chef für seine Untergebenen ein, und die Untergebenen stehen für ihren Chef ein, das ist wie eine Familie. Aber wer die Verantwortung hat, soll auch bestimmen — und das ist der Unternehmer.«

(7) »Lehrmeinungen kann es ja viele geben, aber es gibt nur eine Wahrheit. Schreiben Sie hier statt ›bestehende Lehrmeinungen‹: ›die wahren Lehren‹.«

(8) »Ja, das ist Satanswerk. Ich sage immer: Wenn die Kreuze in den öffentlichen Gebäuden entfernt werden, werden sie bald auf den Gräbern aufgestellt - so war es ja bei Hitler schon.«

(9) Der Exorzist findet diesen Absatz im Prinzip richtig, schränkt jedoch ein, daß es auch Überkommenes und Gestriges gibt, das nicht erhaltenswert ist. Nach einem Beispiel gefragt, fällt ihm trotz langen Überlegens keines ein. Wir einigen uns dennoch darauf, statt »alles Überkommene und Gestriges zu schreiben: »alles Gute und Wahre.«

(10) »›Der Sozialismus will alles zerstören‹ - ja, das kann so stehenbleiben. Unsere Gegner, die Sozialdemokraten, beim Namen zu nennen, das vermeide ich. Privat könnte ich das so gegen die SPD sagen, offiziell nicht. Ich stehe gegen die falschen Lehren. Ich kann gegen eine Partei predigen, nenne sie aber nie beim Namen. Die Leute wissen schon, wen ich dann meine. Anders ist das bei Ihnen: Sie als Laien können das so sagen, wie es hier steht.«

(11) »›Erkennt den Teufel‹ - genau so ist es! ›Wählt zwischen Heil und Verdammnis‹ - das ist wichtig! ›Zwischen Gott und Satan‹ - das ist richtig! ›Zwischen Freiheit und Sozialismus‹ - das ist die logische Folgerung aus den vorherigen Punkten. Wenn der Sozialismus gegen Gott ankämpft, ist er vom Bösen.«

(12) Den Schlußsatz möchte Pater Renz noch verschärft wissen. Denn der vom Teufel Beeinflußte ist für den Exorzisten nicht nur ein Medium des Satans, sondern trägt Schuld dafür, daß er ein Werkzeug des Bösen ist. Der Teufelsaustreiber diktiert uns schließlich seine Version: »Erkennt diejenigen, die sich als Werkzeug des Teufels gebrauchen lassen!«

»Mit der Anneliese, das würde ich jederzeit wieder so machen, wie ich es gemacht habe« - der Teufelsaustreiber beim Redigieren des »Wahlaufrufs«

Leiche sollte unverwest sein - anderthalb Jahre nach dem Tod des Mädchens ließ Exorzisten-Pater Arnold Renz ihren Sarg nochmals ausscharren

Statt auf Epilepsie auf Besessenheit
behandelt – Anneliese Michel

Vom Exorzisten fotografiert – die
23jährige bei einer Austreibungs-Séance

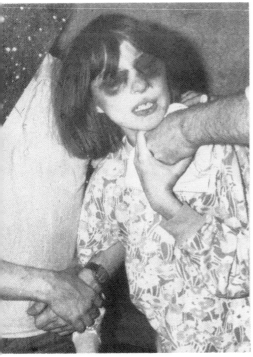

Blaue Augen nach einer exorzistischen
Sitzung – »Hitler« und »Nero« fuhren aus

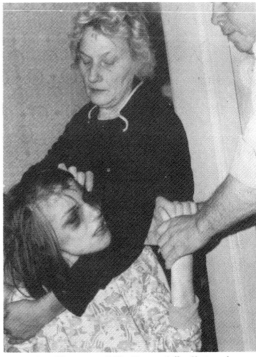

Von Vater und Mutter gebändigt – eine
der letzten Aufnahmen des Mädchens

Teufel vielleicht in all dem, was der festgefügten Hierarchie der Ordnungsmacht Kirche nicht genehm sein kann?

Mit unserem Besuch bei Pater Renz wollen wir in Erfahrung bringen, wie ein von seinem Bischof autorisierter Teufelsspezialist mit Abhängigen umgeht, die unter dem Druck ihrer Unaufgeklärtheit politische Fragen an ihn richten. Dazu mußten wir uns verändern. Wir durften nicht mit kritischen Fragen aufwarten, wir mußten die Schafe sein, die sich um ihren Hirten drängen.

Während wir im Wohnzimmer des Renz-Hofes unser Gespräch mit dem Fachmann für Teufelsfragen beginnen, kommt uns zustatten, daß wir auf unserem Fußmarsch durch die Langnau nach Hiltensweiler in langwierigen Übungen frühe Kenntnisse der hessischen und böhmischen Mundart aufgefrischt haben.

Unser äußerer Habitus stellt keine Probleme dar: Kniebundhose, Trachtenjanker, Wanderstock und Bauchhose haben unser Erscheinungsbild, wie es scheint, glaubwürdig verändert.

Unsere bemüht knorrige Sprache kommt gut an und paßt auch sehr schön in die oberschwäbische Bauernstube. Hölzerne Eckbank, grüner Kachelofen, Kruzifix, Ewiges Licht, und auf dem Schrank eine als Mohrenkopf ausgeformte Sammelbüchse für die Missionierung von Heidenkindern (Aufschrift: »Vergelt's Gott«).

Das Interieur ist genauso zeitlos und trügerisch intakt wie die Bilderbuchlandschaft draußen, durch die wir hierher zum Versteck des Teufelsaustreibers gewandert sind.

Stockend erzählen wir, daß wir im fernen Frankfurt arbeiten. Nach anfänglichen Lobhudeleien, die den Teufelsaustreiber auflockern sollen (»Wir haben Sie im Fernsehen gesehen, Sie sind ja ein Mann, der sich traut, den Satan noch beim Namen zu nennen«), entspinnt sich das Gespräch, in dem es um die Not zweier verzweifelter katholischer Zeitgenossen geht. Wir klagen über das geistige Chaos der Großstädte: »Könnte es sein, daß in Frankfurt der Teufel sitzt, der alles umstürzen will?« Wir bekunden Ratlosigkeit angesichts der politischen Verhältnisse: »Was die Politiker so alles sagen, kann das Gottes Wille sein?«

Und wir äußern einen furchtbaren Verdacht: »Sitzt der Teufel vielleicht in Bonn?«

Pater Renz, noch relativ zurückhaltend, aber entschieden: »Politiker können Werkzeuge des Teufels sein. Der Teufel sitzt überall.« Ganz deut-

76

lich wird der Exorzist, als wir ihm den »von uns und unseren Kollegen in der Firma unterzeichneten Aufruf« vorlegen, der das Streben nach der Verwirklichung menschlicher Grundrechte und nach sozialem Fortschritt sowie die Forderungen nach Mitbestimmung und Emanzipation als Werk des Satans denunziert.

Nach eingehendem Studium unseres Textes ist der teufelskundige Gottesmann freudig bereit, seine Fachkenntnisse in den Dienst der guten Sache zu stellen und uns eine Lehrstunde in Polit-Exorzismus zu erteilen.

Mit der gleichen Gewissenhaftigkeit, mit der er Anneliese Michel ein halbes Dutzend Dämonen ausgetrieben hat, wendet sich der Pater nun der Austreibung aktuellerer Dämonen zu, von denen in unserem Schriftstück die Rede ist. Wir gehen es Punkt für Punkt durch.

Unser exorzistischer Lehrmeister hat das Original vor sich, während wir auf einem Durchschlag unsere Notizen machen. Wenn wir mit dem Schreiben nicht mitkommen, hält Pater Renz bereitwillig ein, um uns Gelegenheit zu geben, seine Worte auch genauestens festzuhalten. So diktiert er uns neue Formulierungen, macht Änderungsvorschläge, untermauert die antidemokratischen Thesen mit Bibelstellen und verschärft den Text dort, wo er ihm zu lasch erscheint. (Was dieser Radikale im kirchlichen Dienst im einzelnen zu unserem Aufruf gesagt hat, zeigt die Dokumentation auf den Seiten 72/73.)

Solcherart als autoritätsgläubige Katholiken aufgeklärt, äußern wir zum Schluß noch eine Bitte: Wir möchten gerne ein Erinnerungsfoto mit ihm machen, »damit uns die Leute auch glauben, daß wir wirklich bei Ihnen waren«.

Da überrascht uns der Exorzist mit einer ganz und gar nicht überirdischen Fachkenntnis. Ihm sind die Grundbegriffe der Optik wohlvertraut. »Was haben Sie eingestellt?«, fragt er. Ich: »Ein Sechzigstel, Blende zwoacht.« Der Exorzist: »Ja, das geht.« Pater Renz weiß, wovon er spricht. Er ist leidenschaftlicher Hobbyfotograf.

Eines seiner liebsten Objekte war Anneliese Michel. Bei den Austreibungs-Séancen gab es viel zu fotografieren. Wenn sie zum Beispiel durch die Glasscheibe einer Tür gerannt war oder wieder einmal ihren Kopf gegen die Wand geschlagen hatte. Ihr verquollenes Gesicht, die blauen Flecken überall. Das alles hat der Pater abgelichtet, in Farbe. Oder das Mädchen, völlig ausgemergelt, nach einer ihrer wilden Kraftübungen, 600 Kniebeugen an einem Tag. Oder wie Anneliese ans Bett gefesselt ist, oder wie ihre Eltern sie gemeinsam nach unten drücken, mit dem Vater, der ihr den Arm auf den Rücken biegt, und mit der Mutter, die Hände im Würgegriff am Hals der Tochter. Nachdem wir vor dem Renz-Hof unser Gruppenbild mit dem Exorzisten gemacht haben, gehen wir. Zum Abschied, inzwischen ganz aufgetaut, sagt er uns: »Der Leibhaftige existiert, sonst hätten wir dem Mädchen ja nicht die ganzen Dämonen austreiben können.« Und er sagt: »Mit der Anneliese, das würde ich jederzeit wieder so machen, wie ich es gemacht habe.«

*

Nachtrag: Fast zwei Jahre nachdem Anneliese Michel zu Tode gebetet worden war, wurden die Urteile gegen die Verantwortlichen gefällt: Der Exorzist Pater Renz, sein Assistent Pfarrer Alt und die Eltern Josef und Anna Michel wurden wegen fahrlässiger Tötung durch unterlassene Hilfeleistung zu je sechs Monaten Freiheitsentzug verurteilt. Die Strafe mußten sie nicht antreten, sie wurde auf drei Jahre zur Bewährung ausgesetzt. Jesuiten-Pater Rodewyk, der den Exorzismus an dem kranken Mädchen empfohlen, und Bischof Stangl, der ihn angeordnet hatte, waren erst gar nicht angeklagt worden.

Vorher hatten die Eltern noch auf Anraten von Pater Renz den Sarg ihrer Tochter wieder ausgraben lassen — sie erwarteten ein Wunder. Nach der göttlichen Botschaft einer süddeutschen Karmeliterin sollte der Körper der Toten noch völlig unverwest sein. Die sterblichen Überreste des Mädchens sahen aber aus, so der Bestattungsunternehmer, »wie es üblich ist«.

Inzwischen hat sich um Annelieses Eltern und um den Exorzisten ihrer Tochter ein streng religiöser Zirkel geschart, der in dem Mädchen eine »Mystikerin« und »Märtyrerin« sieht und sie als neue Heilige verehrt. Ihr Grab ist für etliche tausend stramm konservativer Katholiken zu einem Wallfahrtsort geworden. Dort flehen sie bei Pilgerfahrten, zu denen sie mit Bussen aus dem Allgäu und dem Elsaß anreisen, zum »barmherzigen Vater«: »Das Sühneopfer Deiner Dienerin Anneliese« möge »die Priester, die Jugend und das deutsche Vaterland« retten.

Die Unbefleckte Empfängnis

Der Wagen huckelt über eine kaum zwei Meter breite Trasse aus faustgroßen Findlingssteinen. Die andere Hälfte der Straße, der sogenannte »Sommerweg«, ist eine Sandpiste, in die sich Reifenspuren tief eingegraben haben. Wenn sich hier zwei Autos entgegenkommen, muß eines auf den Sandstreifen ausweichen. Zum Glück begegnet mir kein Wagen, ich kann also auf dem Steinuntergrund bleiben, der zwar holprig, aber fest ist.

Ich bin auf der Fahrt nach Klein-Berßen, einem niedersächsischen Dorf mit 778 Einwohnern im emsländischen Landkreis Meppen, unweit der holländischen Grenze. Klein-Berßen ist für das Emsland exemplarisch: es ist arm, katholisch und kinderreich. Hier, so hat man mir gesagt, soll sie noch funktionieren, die bewährte Methode der Verbreitung von Angst vor Fegefeuer, Apokalypse und ewiger Verdammnis. Ich will mir ein Bild machen von der Realität eines katholischen deutschen Dorfes. Es wird eine Reise in eine ferne Welt.

1. Bild: Die Erwachsenen. Hauptpersonen: verschiedene Bürger aus dem Dorf Klein-Berßen

»Weit ist der Weg zum Königsgrab bei Berßen. Durch dürre Kiefernwälder, über knisternde Flechtenteppiche wandern wir. Ein weißliches, geisterhaftes Licht schwebt an Nebeltagen durch den Wald. Merkwürdig verrenkte Bäume stehen an Waldblößen.« (»Ems-Zeitung«)

Beiderseits der Straße Hünengräber, Riesensteingräber aus der jüngeren Steinzeit. Hinter einer Baumgruppe taucht der Kirchturm von Klein-Berßen auf. Dort wollte kürzlich ein Lehrer Sexualkundeunterricht einführen, und nach massiven Protesten der Dorfbevölkerung soll der nun so aussehen:

Die Schul-Aufklärung wird von Elternschaft und Ortspfarrer kontrolliert; sie genehmigen, was der Lehrer den Kindern sagen darf. Die Begründung für diese ungewöhnliche Praxis hatte Ortspfarrer Brouwers geliefert: »Im Zeugnis war Religion immer das erste Fach, und das sollte sie auch in diesem Fall sein.« So hatte ich es in der Lokalzeitung gelesen.

Auf einem Feld am Ortseingang von Klein-Berßen arbeitet ein Bauer. Ich steige aus und gehe zu ihm. Er muß den Motor seines Treckers abstellen, damit wir uns verständigen können. Bei ihm beginne ich meine Umfrage, die ich später im Dorf fortsetze. Ich frage: »Was halten Sie vom Sexualkundeunterricht?«

Erste Antworten:

»Nix. Hatten wir auch nicht, und sind doch ordentliche Menschen geworden.« (Bauer, ca. 45 Jahre alt)

»Da stecken der Rote und der Gelbe hinter, der Christ gegen den Antichrist, und Sex soll uns kaputtmachen.« (Hausfrau, ca. 50)

»Das ist doch vergebliche Liebesmüh'. Die begreifen das doch nie in diesem katholischen Bauerngetto.« (Junger Mann, ca. 26)

»Der Trieb, der ist zur Zerstörung angelegt, siehe Erbsünde, und muß unterdrückt werden. So etwas macht das den Kindern doch erst schmackhaft, die Sünde.« (Handwerker, ca. 60)

2. Bild: Die Kinder. Hauptpersonen: verschiedene Kinder aus dem Dorf Klein-Berßen

»Bei Berßen liegt der Zicken-Busch, ein kleines Gehölz, in dem es nicht geheuer ist. Dort haust die Tochter eines Junkers, welche als Strafe für ihre schweren Vergehen in den Busch gebannt wurde und dort ihr Unwesen treibt.« (E. Riebatsch: »Sagen des Kreises Meppen«)

Ich habe meinen Wagen auf dem Dorfplatz abgestellt. Aus der Kirche kommt eine Schar Kinder, Gebetbücher unterm Arm. Der Nachmittagsgottesdienst ist zu Ende. Ich frage und komme mir dabei ein bißchen wie der gute Onkel vor: »Könnt ihr mir sagen, wo die Kinder herkommen?« Die Kinder sind verblüfft, wollen erst in Panik wegrennen. Dann bleiben sie aber stehen, tuscheln miteinander, drehen sich zu mir um. Ein Ortsfremder, das ist hier immer interessant. Einige ihrer Antworten:

»Na, vom Klapperstorch.« (Junge, ca. 6 Jahre alt)

»Unsinn, die kommen vom lieben Gott, wie er uns das Jesuskind geschenkt hat.« (Mädchen, ca. 8)

»Klar, vom Heiligen Geist, wie bei der Maria.« (Mädchen, ca. 7)

»Ich habe da mal unsern Bullen gesehen, wie der so rumgesprungen ist, und dann kam ein Kälbchen. So ist das auch.« (Junge, ca. 10)

»Also, wenn sich Mann und Frau lieb haben und sich einen Kuß geben.« (Mädchen, ca. 9)

»Über sowas spricht man nicht. Da wird man von Gott für bestraft.« (Junge, ca. 7)

3. Bild: Der Bürgermeister. Hauptperson: Landwirt August Fangmeyer, 50, genannt »Eikens August«, Vater von acht Kindern, Bürgermeister und CDU-Kreistagsabgeordneter.

»Erwartungsvoll stehen die Schulkinder vor ihrer neuen Schule. Einige von ihnen tragen die Kreuze, die künftig ihre Klassenzimmer schmücken, zum Zeichen, daß Leben und Arbeit in diesem Hause von christlichem Geist erfüllt sind... Anschließend nahm Pastor Brouwers die Weihe der Räume vor; in den Klassenzimmern wurden die Kreuze aufgehängt.« (»Meppener Tagespost«)

Bürgermeister Fangmeyer steht »einer der ältesten christianisierten Gemeinden des Emslandes« (Gemeindechronik) vor. Im Flur seines Hauses, zu dem zehn Hektar Land gehören, hängt eine Tafel in Kreuzform, Aufschrift: »Wenn des Lebens Stürme toben, richte den Blick nach oben.« Auf dem Küchenschrank eine ungefähr 80 Zentimeter hohe Marienstatue aus Gips, farbig bemalt. Seine Frau sagt mir, im Gemeindebüro könne ich ihn finden, »direkt neben der Kirche«.

Das Gemeindebüro: kleiner Raum mit zwei Fenstern, schwerer Panzerschrank, Regale mit Leitz-Ordnern, an der Wand ein Holzkreuz, zwei Schreibtische. An dem einen Gemeindeschreiberin und Gemeindekassenverwalterin Fräulein Semmrau, 66, mit blauer Strickweste und Brille, über Listen gebeugt. An dem anderen Schreibtisch Bürgermeister Fangmeyer, robust, mit blauem Arbeitsanzug und Holzschuhen.

Klein-Berßen versteht sich, so sagt mir der Bürgermeister, als »ländlicher Nebenkern«. Das Dorf hat 778 Einwohner. Fangmeyer: »Mindestens 95 Prozent sind katholisch.« Die Gemeindeschreiberin präzisiert: »Also höchstens 20 hier im Dorf sind nicht katholisch.«

Sämtliche neun Mitglieder des Gemeinderats gehören der CDU an.

Fangmeyer: »Hier gibt's nur CDU — sonst nix, keine Wählergemein-schaft, keine andere Partei oder so.«

Fangmeyer stammt von einem Siedler-Hof außerhalb des Dorfes, sieben Kinder waren sie zu Hause. Er selbst hat jetzt acht, und er meint es witzig, wenn er es erklärt: »Sonst hätten wir ja nicht so viel Bevölkerung hier. Irgendwo müssen die steigenden Einwohnerzahlen ja herkommen.« Aufklärung in der Schule ist ihm suspekt: »Den Sexualkundeunterricht, den wollte uns ein Lehrer hier aufdrücken, ganz heimlich. Da haben wir aber dazwischengefunkt. Wir wollen wohl Aufklärung — aber nur mit der Kirche zusammen.«

4. Bild: Die Landfrauenvorsitzende. Hauptperson: Landwirtin Maria Tiemann-Niemann, 32, Vorsitzende des Landfrauenvereins Berßen

»Ich trage den Namen Mariens, erklinge zu heiligem Tun und dränge die Menschen zu from-mem Werk.« (Inschrift einer über 450 Jahre alten Glocke in der Kirche Klein-Berßen)

Der 20-Hektar-Hof liegt drei Kilometer nördlich des Dorfes. Am Hofeingang, in einer Grotte, eine Marienstatue: »Königin des Friedens, bitte für uns«. Über dem Küchenschrank ein Kruzifix, daneben das Foto einer prämiierten Kuh. Der Landfrauenverein von Frau Tiemann-Niemann hat 65 Mitglieder, und jeden Monat findet ein Vortrag statt. Thema des letzten Vortrags:»Fußbodenpflege«.

Einige Kinder laufen durch die Küche. Sie hält die Diskussion um den Sexualkundeunterricht in Klein-Berßen für verstiegen: »So haben wir's schon in den Ehe-Exerzitien gelernt: Du sollst Deinen Kindern nie etwas vorlügen, und so handhabe ich es auch mit meinen Kindern. Und als bei uns hier eine Nachbarin ein Kind bekam, da fragte mich mein Sechsjähri-ger: Ist das so wie bei den Kälbchen? Und da habe ich klipp und klar geant-wortet: Ja. Mehr wollte er nicht wissen, sein Wissensdurst war damit ge-stillt. Ich sage immer: wissende Kinder, die sind geschützt. Und die Aufklä-rung in der Schule, die muß natürlich religiös sein und darf nie so weit füh-ren, daß etwas über Verhütungsmittel oder so gesagt wird.«

Eine ältere Frau kommt in die Küche, auf dem Arm trägt sie ein Baby — es ist das vierte Kind von Frau Tiemann-Niemann.

5. Bild: Der Gemeindebrandmeister. Hauptperson: Tischlermeister Hermann Westendorf, 65, sechs Kinder, Gemeindebrandmeister

»Fragen Sie doch mal den Pastor« - der
Klein-Berßener Gastwirt Unkenholz

»Hier ist die Kanzel noch ein echtes
Sprachrohr« - Pastor Brouwers

er Schießstand wurde durch den Ortsgeistlichen feierlich eingesegnet -
nzug des Klein-Berßener Schützenvereins durch den Ort

»Einen Freudentag hatten am Dienstag die Mitglieder der Freiwilligen Feuerwehr von Kl.-Berßen. Ihr langgehegter Wunsch ging in Erfüllung: ein nagelneues Löschgruppenfahrzeug vom Typ LF 8 TS konnte in Dienst gestellt werden. Am Nachmittag weihte Pastor Brouwers das Fahrzeug.« (»Meppener Tagespost«)

Zurückliegendes Wohnhaus mit Schaufenstern im Erdgeschoß, dahinter einige Sitzgarnituren, Couchtische und Wohnzimmerschränke. Die Werkstatt, ein Flachbau, ist an das Haus angebaut. Alle Türen sind offen. Die Werkstatt ist leer, über einen Lautsprecher leise Tanzmusik. Unverschlossene Wohnhaustür, keine Klingel. In der Küche treffe ich Hermann Westendorf — hager, volles weißes Haar, blaue Schürze.

Seine Bau- und Möbeltischlerei hat er vor 40 Jahren gegründet, nach sechsjähriger Wanderschaft — »bis nach Sizilien!« Von dieser Ungebundenheit zehrt er heute noch, auf dem Altenteil. Längst hat sein Sohn das Geschäft übernommen, und »höchstens so einmal im Jahr nimmt mich der Junge im Auto mit nach Meppen, in die Kreisstadt«. Sexualkundeerziehung? Hermann Westendorf, der »auf der Wanderschaft kaum etwas anbrennen ließ«: »Das muß Hand in Hand gehen mit der Kirche, das kann schlecht eine Person von sich aus machen.«

6. Bild: Der Rendant. Hauptperson: Angesteller Bernhard Stahs, 39, drei Kinder, Rendant (Rechnungsführer) der »Raiffeisen Kredit- und Warengenossenschaft Berßen eGmbH«

»Am Dienstag war ein besonderer Tag in der Geschichte der Raiffeisen Kredit- und Warengenossenschaft Kl.-Berßen: Der Neubau, die großen Getreidesilos und die Mischanlage wurden von Pastor Brouwers eingeweiht.« (»Meppener Tagespost«)

Vor dem Raiffeisen-Gebäude eine freistehende, gemauerte Grotte mit einer Kreuzigungsszene. Inschrift: »J. H. S.« (Jesus — Heiland — Seligmacher). Im Klassenraum, gegenüber dem schußsicheren Glasschalter, ein Wandkreuz.

Bernhard Stahs, jugendlich, Wildlederhut, geht mit mir in sein Büro. Der Warenumsatz der Genossenschaft, der 600 Mitglieder aus Klein-Berßen und Umgebung angehören, betrug im vergangenen Jahr 6,4 Millionen Mark; Bilanz des Bankgeschäfts: 4,7 Millionen; Einlagen im Bankgeschäft: 2,7 Millionen; Gesamtumsatz: 65 Millionen Mark.

Stahs ist erst seit einem Monat in Klein-Berßen, er wohnt in der 15 Kilometer entfernten Kreisstadt Meppen, wo auch seine Kinder zur Schule gehen. Bei der Frage nach der Sexualkundeerziehung antwortet der Klein-

Berßener Neuling: »Da muß man sich halt der Gegend anpassen, und die ist hier nun einmal katholisch, dem muß man Rechnung tragen. Hier ist eben eine Zusammenarbeit zwischen Elternhaus, Schule und Kirche notwendig. Ich selbst erziehe meine Kinder recht frei, wir haben da keine Geheimnisse.«

Es wird nicht mehr allzu lange dauern, bis auch Bernhard Stahs ein richtiger Klein-Berßener ist.

7. Bild: Der VdK-Vorsitzende. Hauptperson: Gärtner Clemens Mertens, 72, vier Kinder, »Blumen u. Zierpflanzen, Kranzbinderei«, Vorsitzender des »Verbandes der Kriegsbeschädigten, Kriegshinterbliebenen und Sozialrentner Deutschlands« (VdK).

»Als die Dorfeingesessenen noch auf Selbsthülfe angewiesen waren, da herrschte hier ein eigentümlicher Brauch zum Fernhalten des Gesindels. Nahm dies überhand, so hieß es: Heute abend ist Peiken. Die Meldung ging von Haus zu Haus, und sobald es Abend wurde, bewaffneten sich alle Männer von Berßen mit Forken, Gabeln, Sensen usw., um das Dorf zu reinigen, was dann auch gründlich geschah.« (Kath. Kreislehrerverein: »Der Hümmling«)

Wohnhaus mit kleinem Blumenladen, daneben ein Fischteich, zwei Meter Durchmesser, überragt von einer Christus-Statue, ein Meter hoch. Sockel-Inschrift: »Alles für Dich, heiligstes Herz Jesu«. Die Ziersträucher um die Statue gedeihen prächtig.

Ich treffe Clemens Mertens auf dem Friedhof hinter der Kirche. Er ist mit dem Einfassen eines Grabes beschäftigt. Schwere grüne Lodenjacke, dunkle Manchester-Hosen, Schirmmütze.

Er erzählt vom größten Ereignis im Vereinsleben des VdK: Der Gestaltung des »Kriegerehrenmals« – »gemeinsam mit unserem Pastor«. Ich frage ihn nach dem Sexualkundeunterricht. Er legt sein Werkzeug zur Seite: »Nein, nein, nein! Die Jugend weiß sich ja nicht mehr zu beherrschen, und dem braucht man durch Aufklärung ja nicht noch Vorschub zu leisten. Der Trieb, der kommt doch vom Teufel. Aus dem Dorf jagen sollte man die, die sowas wollen!«

8. Bild: Der Posthalter. Hauptperson: Alfons Unkenholz, 40, vier Kinder, Posthalter, Gastwirt, Bäckereibesitzer, Kolonialwarenhändler

»Gott ist der Herr der Natur und ihrer Gesetze, er ist der Herr des Todes. Gott wirkt in die Menschheit hinein sein Heil für uns.« (»Pfarrbrief der Herz-Jesu-Gemeinde Berßen«)

Eingeschossiges, breitgezogenes Haus gegenüber der Kirche. Links Schaufensterfront der Bäckerei (zwei Angestellte) und des Lebensmittelgeschäfts (zwei Verkäuferinnen), in der Mitte Eingang zur Gastwirtschaft (Vereinslokal des Schützenvereins), dahinter Saal für 200 Personen (für Winterfeste, Elternversammlungen, Vorträge des Katholischen Erwachsenen-Bildungswerkes), rechts Eingang zur Poststelle.

Ich sitze Alfons Unkenholz in der Gaststube gegenüber. Kräftige Gestalt in grünem Jägerhemd. Der Familienbetrieb samt aller Ableger läuft gut, und er möchte sich die Geschäfte nicht verderben lassen durch eine eigene Meinung. »Zu dem Sexualkundeunterricht, dazu kann ich nichts sagen. Die einen meinen so, die anderen so.« Soviel sagt er doch: »Sexualkundeunterricht mit dem Lehrer, das geht nicht! Aber fragen Sie doch mal den Pastor, was der dazu meint.« Ich verspreche Alfons Unkenholz, mich auch dort zu erkundigen.

9. Bild: Der Schützenvereinsvorsitzende. Hauptperson: Landwirt Heinrich Fangmeyer, 56, vier Kinder, Vorsitzender des Schützenvereins Klein-Berßen

»*Unter erfreulich reger Beteiligung der Bevölkerung konnte der in Selbsthilfe erstellte neue Schießstand des Schützenvereins Kl.-Berßen von Pastor Brouwers feierlich eingeweiht werden.*« (»*Meppener Tagespost*«)

Alleinstehender Bauernhof an der Ausfallstraße zur Kreisstadt Meppen. Fangmeyer, bullig, mit Arbeitszeug und Hut, den er auch während unseres Gespräches im Haus nicht abnimmt. Er ist der ältere Bruder des Bürgermeisters und übernahm als Erstgeborener von sieben Kindern den Hof des Vaters, den dieser in der kargen Heide aufgebaut hatte.

Am 28. August 1939 zur Wehrmacht eingezogen, Westfeldzug, viereinhalb Jahre in Norwegen, wo er im Raum Narvik eine Waffenkammer betreute (»Herrliche Zeiten waren das da«).

Seit 19 Jahren ist er Vorsitzender des 200 Mann starken Schützenvereins, dessen Motto — laut gestickter Vereinsfahne — lautet: »Im Auge Klarheit, im Herzen Reinheit«. An zwei Tagen im Jahr wird Schützenfest gefeiert: »Wir haben dann den Thron — das Schützenkönigspaar und fünf Ehrenherren und -damen, die in einer offenen Kutsche durchs Dorf gefahren werden. Meldereiter haben wir drei, und einen Oberst zu Pferde haben wir auch noch — Gott sei Dank.«

Im Flur zeigt er mir seine Jagdtrophäen, Geweihe. Ich frage ihn nach dem Sexualkundeunterricht. Fangmeyer: »Ich lehne den Sexualkunde-Atlas ab. Hier sind zu wenige in der Lage, sowas zu machen, das müssen

Berufenere. Sexualkundeunterricht, das muß nach Exerzitien-Art gemacht werden, mit einem Pater und so. Sonst wird das maßlos.«

10. Bild: Der Kolpingvorsitzende. Hauptperson: Maurergeselle Heinrich Jansen, 30, genannt »Knoll-Heinrich«, ledig, Vorsitzender der Kolpingfamilie Berßen

> *»Die Religion ist das Fundament im Hause, im Volk, im Staate, in der ganzen sittlichen Welt. Wer am Sturze der Religion arbeitet, begeht ein Weltverbrechen… « (Adolf Kolping: »Der Gesellenverein und seine Aufgabe«)*

Freier Samstag. Heinrich Jansen arbeitet auf seinem neuerworbenen, 1200 Quadratmeter großen Bauplatz im Neubaugebiet »Hügelgräber« (Quadratmeterpreis: vier Mark). Schräg gegenüber liegt der elterliche 15-Hektar-Hof, den sein Bruder als Erstgeborener übernommen hat. Auf der anderen Straßenseite ein übermannsgroßes Kruzifix, Aufschrift: »Jesus Barmherzigkeit«.

Dem 90 Mitglieder starken Verein steht er seit vier Jahren vor, man trifft sich mal zur gemeinsamen Betstunde, mal zu einem Vortragsabend oder zu geselligem Beisammensein (Rundschreiben der Kolpingfamilie Berßen: »Es treffen sich alle Kolpinger pünktlich im Vereinslokal und fahren anschließend gemeinsam zur Kegelbahn«).

Sexualkundeunterricht? Jansen läßt die Kelle sinken und kratzt sich hinterm Ohr: »Ach Gott, ja, zu früh sollte das halt nicht sein. Und seine Ordnung muß das haben. Ohne Pastor geht das halt nicht.«

Jansen wird den Pastor selbst bald brauchen. Verlobt ist er schon, heiraten will er aber erst, wenn das Haus fertig ist. Doch die Fundamente stehen bereits.

11. Bild: Der Elternratsvorsitzende. Hauptperson: Techniker Heinrich Olthaus, 45, fünf Kinder, Vorsitzender des Elternrates der Schule Klein-Berßen

> *»Christliche Eltern sollten jeden Tag zum Heiligen Geist beten, damit sie ihr hohes Amt im Lichte seiner Gnade ausüben. Sie sollten jeden Tag zu den heiligen Schutzengeln beten, zu ihren eigenen und zu dem ihrer Kinder… Eltern können nie zuviel für ihre Kinder beten.« (Lisbeth Burger: »Zehn Gebote für Erzieher«, ausgelegt im Schriftenstand der Kirche Klein-Berßen)*

Gepflegtes Einfamilienhaus mit Vorgarten, Balkon und Garage am Südrand des Dorfes. Brauner Sakko, offenes Hemd. Heinrich Olthaus ist in der Kreisstadt Meppen bei der »Erprobungsstelle 91 der Bundeswehr« beschäftigt. Im Wohnzimmer zeigt er mir eine von ihm verfaßte Resolution des Elternrates wider den Sexualkundeunterricht in Klein-Berßen. Darin heißt es: »Alle Organe des Menschen sind bis ins kleinste Detail bekannt. Wie aber ist es mit der Seele? Ist sie auch schon genau bekannt?« Und: »Die pornographische Welle wird uns überrollen, sobald das ›verkalkte‹ sittliche Strafgesetz modifiziert und sexualisiert ist.«

Er weiß, was die Lehrer so im Sexualkundeunterricht treiben: »Es fehlen Tausende von Fachlehrern, aber bei der Sexkunde, da sind plötzlich genug da. Komisch, finden Sie nicht?«

Seine Frau seufzt: »Die Welt ist voller Sex.«

Heinrich Olthaus, der Kriegsteilnehmer, weiß, welche bösen Folgen Sex hat: »Im Krieg, da waren diejenigen, die immer vom Thema Nummer eins sprachen, die ersten, die Tripper und andere Geschlechtskrankheiten ranschleppten.«

12. Bild: Der Vereinswirt. Hauptperson: Anton Nieters, 20, ledig, Wirt des Kolping-Vereinslokals in Klein-Berßen

»Wenn sie in ihren Bänken vor mir sitzen, sind sie nicht echt; sie haben entweder etwas von Duckmäusern und Strebern oder von Heuchlern und Rebellen an sich. Sieben Jahre Unterricht haben es fertiggebracht, sie dazu zu erziehen.« (Erich Maria Remarque in seinem Roman »Der Weg zurück« über die Schulkinder von Klein-Berßen, die er als Junglehrer unterrichtete)

Ältere Gaststätte mit Lebensmittelladen, schräg gegenüber der Kirche. Neben der Theke ein Groschen-Spielautomat, Modell »Golden Jack«, darunter ein Stapel Gesangbücher, die von Stammgästen vor dem sonntäglichen Kirchgang hier abgeholt werden und nach dem Frühschoppen für eine Woche liegenbleiben. In der Ecke eine Music-box.

Anton Nieters, hellrosa Pullover, blond, rote Bäckchen, übernahm mit 18, nach Abschluß einer Lehre als Textilkaufmann, die von seiner Tante geerbte Gaststätte. Sexualkundeunterricht? Nieters: »Also das sollten die frühestens im 9. Schuljahr erfahren.«

Ich bin alleine mit ihm. Sein Nachbar gegenüber, der Pastor, macht ihm einige Sorgen: »Wenn Kolpingball ist, normalerweise geht dann der Geistliche so gegen 10 Uhr weg, nicht aber so unser Pastor. Der bleibt bis Mitternacht und sagt dann: So, ich bin der letzte, der geht. Und dann gehen halt alle gemeinsam schon um 12.«

Einige Stunden später treffe ich Anton Nieters wieder. Im Lokal sind zwei Gäste. Diesmal ist er nicht mehr so gesprächig.

13. Bild: Der Ortsgeistliche. Hauptperson: Pastor Heinrich Brouwers, 61, Pfarrer der »Herz-Jesu-Gemeinde Berßen« (Klein- und Groß-Berßen)

»Vor vielen Jahren stand im Lohe, einem Walde 20 Minuten nördlich von Gr.-Berßen, ein Wirtshaus. Gottlose Leute bewohnten es. Dem Christentum zum Spott veranstalteten sie am Karfreitag Tanzmusik. Es wurde gezecht und getanzt. Ein Ordensmann kommt des Weges und sieht das tolle Treiben. Vor seinen Augen schießt plötzlich das Haus samt seinen Insassen in die Tiefe. Man zeigt noch heute das ›Loher Loch‹, wo früher das Haus zugrunde ging.« (Kath. Kreislehrerverein: »Der Hümmling«)

Villenartiges, einstöckiges Haus neben der Kirche, teilweise Erkerfenster: das Pfarrhaus. Das Amtszimmer des Pfarrers: Bücherregale, kleiner Tisch mit zwei Stühlen, Panzerschrank, 1,50 m hoch, darauf verschiedene Bilder und eine jener Tafeln, wie man sie in Souvenirläden kaufen kann: »Gott gab die Zeit, von Eile hat er nichts gesagt«.

Pastor Brouwers, hager, streng nach hinten gekämmtes Haar, kennt — wie er sagt — die Welt: »Ich war lange genug in der Diaspora — unter anderem in Hamburg-St. Pauli.« Er sieht mich eindringlich an: »Ich bin hier nicht hinter dem Mond oder hinter den Russen. Es ist halt zum Glück noch so, daß der Pastor hier noch was zu sagen hat. Hier ist die Kanzel noch ein echtes Sprachrohr.«

Er macht sich Sorgen um die Sauberkeit des Dorfes Klein-Berßen: »Viele Illustrierte werden hier aufs Land geschleppt und verseuchen die Gegend.« Er sieht die Sorgen der Klein-Berßener Dorfbewohner so: »Viele erwachsene Menschen kommen zu mir und sagen, nachdem sie am Abend zuvor ferngesehen haben: ›Wir können die verdammten nackten Gestalten nicht mehr sehen.‹ Dagegen müssen wir kämpfen.«

Einen erfolgreichen Kampf konnte Pastor Brouwers bereits bei der Absetzung des Sexualkundeunterrichts bestehen: »Das wollte man uns hier klammheimlich unterjubeln. Aber die Gemeinde stand auf wie ein Mann, und jetzt wird das so gemacht, wie es die Kirche für richtig hält. Die Kinder sind schließlich uns zur Obhut anvertraut, und wir haften für ihr Seelenheil, nicht irgendein Lehrplan irgendeiner Schulbehörde.« Bei seinem Kampf gegen »Pornographie unter dem Deckmantel der sogenannten Aufklärung« will er auch »die Drahtzieher im Kreml und ihre Kinderverderber an unseren Schulen vernichtend schlagen.« Bei allem ist ihm oberste Richtschnur: »Es gilt, den Dreck aus dem Ausland, der unser Volk besudelt, aufzuhalten!«

Beim Verabschieden gibt er mir noch eine Schreckensvision mit auf den Weg: »Wehe den Kerlen, die als sogenannte Aufklärer unser Volk verseuchen! Die werden einmal des nachts vom Gewissen gepackt, aus dem Schlaf gerissen und dann von Gott vor die Frage gestellt: ›Warum machst Du das?‹«

Ich bereite mich auf unruhige Nächte vor.

*

Nachtrag: Die »Deutsche Wochen-Zeitung«, Hannover, empfahl den Berßener Katholiken als Antwort auf die Reportage NPD zu wählen: »Nun kann man freilich derartige Sauereien und Sudeleien mit dem Stillschweigen der Verachtung übergehen. Man kann sogar darüber lachen. Aber man kann dem auch entgegentreten. Der Artikel ›Die Unbefleckte Empfängnis‹ ist nämlich nicht der erste und einzige seiner Art. Er dient auch keineswegs der Aufdeckung von Mißständen. Hier wird ein Ort, dessen Bürger sich einer Tradition und ihres Fleißes rühmen können, madig gemacht. Hier werden die Menschen des Hümmlings und des Emslandes angegriffen. Hier wird vor allem Dreck geschleudert auf das, was der katholischen Kirche heilig ist. Man braucht aber gar kein Katholik, ja noch nicht einmal Christ zu sein, um die Absicht zu merken, die dahinter steckt — und die verstimmt! Doch vielleicht hat das Pamphlet auch sein Gutes: man bekommt sehr deutlich vor Augen geführt, daß nachdem Tradition und das, was dem deutschen Vaterland heilig war, weggeworfen und verächtlich gemacht wurde — nunmehr das, was dem Christentum heilig ist, demselben Schicksal ausgesetzt wird. Daran haben leider auch diejenigen Christen mit Schuld, die nur allzu bereitwillig halfen, das deutsche Vaterland in Frage zu stellen. Die deutschen Nationalisten, die sich nicht des politischen Hinweises ›christlich‹ bedienen, haben seit eh und je klar zu erkennen gegeben, daß das, was dem Volke heilig ist, sei es fürs Vaterland, sei es für die Kirchen, unantastbar ist. Die geziemende Antwort auf die Herabsetzung der Gemeinde Berßen durch einen Flegel wäre es eigentlich, bei der kommenden niedersächsischen Landtagswahl der NPD mehr Stimmen zu geben. Und nicht nur für Berßen wäre das ratsam. Die NPD ist die einzige Partei, die sich immer klipp und klar gegen derartige Schweinigeleien ausgesprochen hat.«

Die Beichte

Der Beichtstuhl der »Päpstlichen Basilika« im oberbayerischen Wallfahrtsort Altötting erinnert an einen dreitürigen Kleiderschrank. Wuchtiges, dunkles Holz, Neo-Barock, über der mittleren Tür ein Schild mit der Aufschrift: »Pater Konstanz«. Um die Ecke im Kirchenschiff leuchtet eine Signallampe. Der Beichtvater ist im Dienst. Die linke Tür geht auf, ein Mann im Trachtenjanker kommt heraus. Ich bin der nächste. In der engen Kammer riecht es etwas muffig. Ich knie nieder. Von draußen klingen die Schritte der Kirchenbesucher nur noch gedämpft herein. Durch den hölzernen Gitterrost sehe ich den schemenhaften Umriß eines Mannes.

In der Hand halte ich die Broschüre »Männerbeichte«, ein Leitfaden »zum selbständigen Beichten« von der »kirchlichen Hauptstelle für Männer-Seelsorge«. Im »Beichtspiegel« auf Seite 10 steht unter dem Stichwort »Staat«: »Habe ich meine Stimm- und Wahlpflicht vernachlässigt? Glaubensfeindliche Abgeordnete/Betriebsräte gewählt?«

Ich sage, daß ich einen Teil meines Einkommens der Steuer verschwiegen habe, und dann sage ich: »Ich weiß nicht, ob ich bei der Bundestagswahl für Strauß stimmen kann. Ich habe ihn im Fernsehen beobachtet. Der beschimpft doch seine Gegner immer so, der predigt nur Haß. Mir ist Schmidt sympathischer. Versündige ich mich, wenn ich SPD wähle?«

Der Priester, der mir zuerst mit sanfter Stimme für den Steuerbetrug Absolution erteilt (»Die Steuergesetze sind sowieso ungerecht«), liest mir dann mit erhobener Stimme die Leviten: »Wir können keine Partei unterstützen, die die Abtreibung propagiert und damit die Tyrannei des Satans

91

fördert. In der SPD ist der Teufel. Bleiben Sie deshalb auch bei der Wahl der Muttergottes treu.«

Der Kapuzinerpater beugt sich näher ans Gitter und sagt beschwörend, daß die Wahlentscheidung am nächsten Sonntag ein Prüfstein für meine Seligkeit sein wird: »Was wir hier auf Erden tun, das wird uns einmal angerechnet werden. Unser Volk ist auf dem Weg, in die Irre zu gehen. Beten Sie, daß Sie wirklich als gewissenhafter, bekennender Christ auch bei der Wahl an der Hand Mariens gehen, damit Sie nicht nur ein irdisches Haus haben, sondern einmal gut hinüberkommen in die Ewigkeit.«

Mein Beichtvater schiebt mir durch einen Schlitz unter dem Gitterfenster einige Blätter mit Texten zu, die ich beten soll. Im »Sühne- und Bittgebet zum Unbefleckten Herzen Mariens« soll ich zum Beispiel darum bitten:

»Rette Rußland, rettet alle Seelen der ganzen Welt vor dem Untergang.« Ich bin entlassen.

Später, am Kircheneingang, sehe ich Pater Konstanz zum erstenmal. Bisher habe ich nur seine Stimme gekannt. Jetzt stehe ich ihm gegenüber. Ein freundlicher korpulenter alter Herr mit weißem Bart. Er nickt mir lächelnd zu.

Ich habe die Kirchenzeitung »Altöttinger Liebfrauenbote« in der Hand. »Lesen Sie das gründlich durch, und denken Sie daran«, sagt mir mein Beichtvater.

Ich lese dort, daß »maßlose Hetze gegen Franz Josef Strauß« betrieben wird, während Helmut Schmidt »in einem Ton, wie ihn seit Hitler kein deutscher Regierungschef gegenüber den Bischöfen mehr angeschlagen hatte, vom Leder« zog, als er deren Hirtenbrief kritisierte.

In zwölf Domen, Dorfkirchen und Wallfahrtskapellen zwischen Ruhrgebiet und Niederbayern erkundete ich eine Woche vor der Bundestagswahl, wie es die Kirche wirklich mit der Politik hält. Offiziell betont die katholische Kirche stets, sie sei unparteiisch.

Der Kölner Erzbischof Joseph Kardinal Höffner, höchster Würdenträger des katholischen Klerus in Deutschland, hatte sich noch einige Tage zuvor heftig gegen den Vorwurf gewehrt, die Kirche übernehme die Wahlparolen der Christdemokraten. Zwölfmal fragte ich nun in Beichtstühlen in der Rolle des verunsicherten katholischen Wählers: Kann ein Christ Strauß wählen? Und elfmal war die Antwort der Beichtväter eindeutig: Man muß Strauß wählen.

Für den Jesuitenpater Goll, dem ich in der Kirche St. Michael in der Fußgängerzone der Münchner Innenstadt beichte, ist das Hirtenwort der Bischöfe zur Wahl zu »verhalten und vorsichtig«.

Deshalb nutzt er das Beichtgespräch zu ein paar deutlichen Worten gegen die Bonner Regierung. Er tut es so heftig, als wollte er es dem Heiligen
St. Michael gleichtun, der draußen an der Kirchentür in Bronze gegossen
den Drachen tötet: »Eine solche Vereinigung zur Propagierung des Kin-
dermordes können Sie ruhigen Gewissens nicht unterstützen. Im Namen
des Rosenkranzes, der für uns Blut geschwitzt hat, erbitte ich für Sie die
Kraft zur richtigen Wahl.« Und was die richtige Wahl ist, sagt er dann: »Ihre Stimme wird bei Franz Josef Strauß gut aufgehoben sein. Unsere Sache
muß siegen.«

Im Zentrum von Essen zwischen »C & A« und dem Dom verteilt die
Junge Union Fähnchen und Postkarten vom Kanzlerkandidaten Franz
Josef Strauß. Aus dem Lautsprecher, der auf einen Wahlkampfbus mon-
tiert ist, kommt Country-music.

In der Beichtkirche des Doms macht Domkapitular Bernhard Mäkel
Wahlkampf mit anderen Mitteln. Kaum habe ich dem weißhaarigen Priester gebeichtet, daß ich Probleme mit dem Kandidaten Strauß habe, spult
er einen langen Monolog ab. Ich bin offenbar nicht der erste, dem er diesen
Vortrag hält.

»Eine Entscheidung für Strauß«, sagt er und beugt sich zu mir vor, »würde meiner Überzeugung nach der Sache Gottes am besten entsprechen.
Von seinen politischen Gegnern wird er ganz bewußt verteufelt. Leute,
die mit ihm Umgang pflegen, haben mir voller Hochachtung von ihm berichtet.«

Die Kritiker von Strauß hält der Domkapitular, der zweite Mann im
Dom des Ruhrbischofs Hengsbach, für »regelmäßig prokommunistisch«.
Selbst was in den Medien der Kirche gegen Strauß verbreitet werde, dürfe
man nicht glauben: »Auch in der Kirche wird gegen die Kirche gearbeitet.«
Gerade in der »heutigen dekadenten und morbiden Zeit« sei ein Politiker
wie Strauß an der Spitze der Regierung vonnöten: »Jede Gesellschaft, auch
die Demokratie, braucht eine tatkräftige Elite, sonst verkommt sie.« Dann
vergibt er mir meine Sünden und entläßt mich.

Im Wallfahrtsort Kevelaer am Niederrhein hat die CDU bei der vorher-
gegangenen Bundestagswahl 66 Prozent der Stimmen gewonnen. Die
SPD mußte sich mit 29 Prozent begnügen, die Freien Demokraten beka-

men 4,5 Prozent. Neun von zehn Bürgern in Kevelaer sind katholisch. Bei der Heiligen Messe am Sonntag sind die 14 Kirchen der Stadt voll. Und Hundertausende wallfahren jedes Jahr zur »Gnadenkapelle«.

Im zweiten Beichtstuhl rechts nimmt Pater Radbert die Beichte ab. Ein weißhaariger, bleicher Mann. Während ich beichte, hält er ein weißes Tuch vor sein Gesicht, um sich vom Aussehen des Beichtenden nicht beeinflussen zu lassen, sich besser konzentrieren zu können. Dann nimmt er sein Gebetbuch hoch, sieht mich durch das Gitterfenster an und sagt mit leiser Stimme: »Wir müssen immer Gottes Interessen vertreten. Wir dürfen uns nicht irremachen lassen durch Rufmord, wie er an dieser Persönlichkeit begangen wird, weil sie halt ein anderes Temperament hat als der Norddeutsche.« Und der Benediktiner sagt auch, weshalb er Franz Josef Strauß nähersteht als anderen Kandidaten: »Er geht von christlichen Überzeugungen aus. Deshalb können wir sicher sein, daß er die Macht im Staate nicht mißbrauchen wird.«

Im bayerischen Sonthofen hatte Pfarrer Hermann Völck gerade zusammen mit der örtlichen Jungen Union versucht, einen Demonstrationszug von Strauß-Gegnern aufzuhalten, der sich von hier auf den Weg durch die ganze Bundesrepublik nach Bonn machte. Ich fahre nach Sonthofen.

Sonthofen ist jene Stadt im Allgäu, die bundesweit bekannt wurde, weil Franz Josef Strauß hier eine seiner deutlichsten Reden hielt — einen Aufruf zum totalen Krieg mit dem politischen Gegner: »Wir müssen sagen, die SPD und FDP überlassen diesen Staat kriminellen und politischen Gangstern.« Seine Pläne für diese formulierte Strauß in Sonthofen so: »Und wenn wir hinkommen und räumen so auf, daß bis zum Rest dieses Jahrhunderts von diesen Banditen keiner mehr es wagt, in Deutschland das Maul aufzumachen.«

Kritik an diesem Kanzlerkandidaten hält Pfarrer Hermann Völck für »die übliche Verdummung«. Er ist ein drahtiger kleiner Mann mit Bürstenhaarschnitt, der sich innerhalb und außerhalb seiner Gemeinde engagiert. Die Kirche St. Peter und Paul ist überfüllt. Wer zu spät kommt, findet nur noch einen Stehplatz im Gang. Bei der Bundestagswahl am nächsten Sonntag gehe es nicht um Personen, sondern ums Prinzip, sagt der Sonthofener Geistliche.

»Wir wählen ja keinen Kanzler, wir wählen eine Regierung, das andere sind Irreführungen der Öffentlichkeit. Der Kanzler kann schon nach einem Jahr sterben, dann kommt ein anderer dran, die Regierung aber

**Wer Katholik ist, muß Strauß wählen –
Kromschröder nach der Beichte in Köln**

**Gebete für die richtige Wahl –
vor der Kirche in Regensburg**

**»Ihre Stimme wird bei Franz Josef Strauß gut aufgehoben sein« – in der
Beichtkapelle der St.-Michaelis-Kirche in der Münchner Fußgängerzone**

„Auch bei der Wahl an der Hand Mariens gehen" - Kromschröder (links) begegnet
in der Päpstlichen Basilika von Altötting seinem Beichtvater Konstanz

**Wer Strauß nicht wählt, kommt in die
Hölle – Kromschröder beim Beichten**

**Kritik an Strauß ist kommunistisch –
auf dem Weg zur nächsten Beichte**

**»Wir können sicher sein, daß er die Macht im Staate nicht mißbrauchen
wird« – Gerhard Kromschröder nach einer weiteren Empfehlung für Strauß**

bleibt« — so verkündet es Pfarrer Völck von der Kanzel. Nach dieser Einleitung verliest er den Hirtenbrief der Bischöfe.

Wer nun noch nicht begriffen hat, was er wählen muß, den klärt Hermann Völck im Beichtstuhl unter der Empore von St. Peter und Paul auf. Mir sagt er in der Beichte: »Sie müssen entscheiden, ob Sie als Christ eine christlich orientierte Regierung wollen oder eine antichristliche.« Am Kirchenportal verteilt der Meßdiener kostenlos die katholische Boulevard-Zeitung »neue bildpost«. — Auf Seite 6 der dritte Teil der Serie: »Der Kandidat«. Eine Lobeshymne auf Franz Josef Strauß.

Im Dom der hessischen Bischofsstadt Limburg kann man nicht beichten. »Gehen Sie zur St.-Anna-Kirche«, sagt mir der Dompfarrer, »dort ist das jederzeit möglich.« In der St.-Anna-Kirche gibt es keinen Beichtstuhl. Gedruckte Schilder weisen zum »Beichtraum«. Ein helles Zimmer, in der Mitte ein Tisch, darauf bis zur Decke ein Holzgitter. Als ich hereinkomme, legt Pater Weiske sein Buch zur Seite. Auf meine Standardfrage nach dem Kandidaten Strauß antwortet der Geistliche: »Folgen Sie dem klaren Hirtenwort unserer Bischöfe und wählen Sie Strauß. In einer Zeit, in der unser kirchliches Leben besonders bedroht ist, brauchen wir auch starke weltliche Führerpersönlichkeiten.« Strauß habe, so mein Beichtvater Weiske, »zwar sicher auch seine Nachteile«, aber wer für ihn stimme, treffe »eine Entscheidung für Gott«. Vor »falschen Propheten« warnt er mich eindringlich: »In der Kirche sind das Leute wie Küng und Greinacher, die gegen die Kirche arbeiten. Außerhalb der Kirche sind das die Leute, die Strauß verleumden.«

Auf der Litfaßsäule vor der Karmeliter-Kirche in Regensburg steht in riesigen Lettern: »Den Sozialismus stoppen — Strauß wählen«. In dem modernen Nußbaum-Beichtstuhl der Barock-Kirche hat gerade Pater Wilfried Dienst. Wer an Strauß zweifle, solle sich an der Erklärung der Bischöfe orientieren, sagte er zu mir: »Der Hirtenbrief ist ein Kompaß, der uns den richtigen Weg bei dieser für uns so wichtigen Wahl zeigt. Sollten Ihnen unterwegs Zweifel an bestimmten Personen kommen, bedenken Sie bitte, daß alles Irdische nicht vollkommen ist.« Und dann setzt er mir, dem Wankelmütigen, zu: »Bitten Sie den Herrgott im Gebet, daß er Ihnen die Kraft gibt, auch am Wahltag Ihr Tun und Lassen ganz auf Gott einzurichten.«

Vilshofen an der Donau. Hier erklärte Strauß einmal bei einer seiner Aschermittwochs-Reden, was er von Zweiflern hält: »Wir lassen uns Kritik gern gefallen, aber nicht von Ungewaschenen und Verdreckten.« Im Trachtenanzug nimmt mir der vollbärtige Kaplan Wendele in der Pfarrkirche Vilshofen die Beichte ab.

Der junge Geistliche sagt, er wolle zur Wahl nichts vorschlagen. Nur soviel zur Ermahnung: »Bei einigem Nachdenken findet man als Christ schon die richtige Entscheidung.«

20 Kilometer weiter, im Passauer Dom, beichte ich bei Domdekan Max Thurnreiter, dem Leiter der bischöflichen Finanzverwaltung. Daß ich den Staat mit einer Steuerhinterziehung betrogen habe, läßt auch ihn kalt. Als ich sage, Strauß sei für mich nicht wählbar, erinnert er mich daran, daß »ein überzeugter Christ auch in der Lage sein muß, über das Menschliche hinwegzusehen, um das Wichtige letztendlich zu schauen. Es geht bei dieser Wahl nicht um Personen, sondern um Weltanschauungen«. Und eindringlich sagt er mir: »Sie müssen eine gute christliche Entscheidung treffen.«

Im Kölner Dom verstellen zwei Kirchendiener in bestickten roten Mänteln einer Gruppe japanischer Touristen den Weg zu den Beichtstühlen — »Zutritt nur für Beichtende«. In der zweiten Kabine links waltet Dompfarrer Hofmann seines Amtes. Ein Christ müsse »glaubensfeindliche Organisationen meiden und christliche Kandidaten wählen«, sagt er. Es könne zwar sein, daß auch »SPD- und FDP-Politiker christliche Beweggründe haben«, aber unabhängig von Personen gehe es bei dieser Wahl darum, »gefährlichen Entwicklungen keinen Vorschub zu leisten und sich klar zwischen zwei widerstreitenden Weltanschauungen zu entscheiden«. Da gebe es nur eine Wahl: »Bei der CDU sind Sie besser aufgehoben als anderswo.«

Im Bamberger Dom, schräg gegenüber dem »Bamberger Reiter«, steht der Beichtstuhl von Dompfarrer i. R. Arnulf Gebhard. Für ihn ist der Wahltag ein historisches Datum: »Wie so oft, ist unsere Kirche auch heute wieder in Gefahr — wie bei den Christenverfolgungen im alten Rom und wie im Dritten Reich.« Deshalb müsse der Christ nach der Devise handeln »Ich sterbe lieber, als Gott nur halb zu dienen« — und sein Kreuz an die richtige Stelle setzen.

Wer Strauß nicht wählt, so warnt mich der Priester, dem droht die Hölle: »Allzuleicht gerät unser Seelenheil in Gefahr!«

Frankfurt, Liebfrauenkirche in der Innenstadt. Die letzte Station meiner Reise durch die Beichtstühle zwischen Ruhrgebiet und Niederbayern.

Sie endet mit einer Überraschung. Zum ersten Mal keine Wahlwerbung für Strauß, keine Drohung mit dem Fegefeuer. Pater Vinzenz hält sich nicht für berufen, als Kirchenmann Parteipolitik zu machen:»Ich kann im Beichtstuhl keine Wahlpropaganda betreiben. Ob Sie auf irgendwelche Werbesprüche reinfallen, ist Ihre Sache. Strauß ja oder Strauß nein — dazu ist der Beichtstuhl nicht da.«

*

Nachtrag: Nach Erscheinen der Beichtstuhl-Reportage wurde in der katholischen Öffentlichkeit erst einmal der Autor nach bewährter Manier verteufelt — als »Reporter mit den Gestapo-Methoden« (neue bildpost), als »Mephisto im Gewand der vierten Gewalt« und als »Reporter des Satans« (Bielefelder Tageblatt). Der Bericht selbst war eine »publizistische Untat« (Rheinischer Merkur), »beichtfrevlerisch« (Passauer Bistumsblatt), ein »kirchenfeindliches Machwerk« (Bayrischer Klerusverband) oder schlicht eine »Gotteslästerung« (Ordinariats-Korrespondenz).

Daß in der Reportage aufgedeckt worden war, wie Priester die Beichte als Propagandainstrument mißbrauchen, darauf ging die offizielle Kirche nicht ein. Sie drehte den Spieß um: »Gerhard Kromschröder hat das Beichtgeheimnis mißbraucht« — so die Deutsche Bischofskonferenz in einer Presseerklärung. Lediglich eine prominente katholische Stimme verwahrte sich gegen die Wahlwerbung der Priester im Beichtstuhl: Hans Küng. Der Tübinger Theologie-Professor schrieb nach Kromschröders Veröffentlichung: »Ich lehne parteipolitisch motivierte Interventionen der Kirche ab und finde den Mißbrauch des Beichtstuhls schrecklich. Es käme darauf an, daß mehr Christen und Katholiken gegen solche Machenschaften protestieren.«

In ihrer Presseerklärung nahm die Bischofskonferenz, das höchste Organ des deutschen Klerus, ausdrücklich die in der Reportage zitierten Geistlichen in Schutz — und damit auch Pater Konstanz aus Altötting, der Kromschröder mit der ewigen Verdammnis gedroht hatte, falls er Strauß nicht wähle.

Bei Nachrecherchen stellte sich heraus, daß der Pater auch in der Austreibung überirdischer Unbotmäßigkeiten bewandert ist — als kirchlich bestallter Exorzist. Das Opfer des Kapuzinerpaters: die Bauerntochter Elisabeth Mauerberger aus dem oberbayerischen Dorf Burgkirchen. Ein Münchner Psychiater hatte bei ihr hysterische Verhaltensweisen diagnostiziert. Bischof Antonius Hoffmann von Passau verordnete der frommen Frau den »Großen Exorzismus«. Der damit beauftragte Pater Konstanz Wolfgruber zelebrierte die Teufelsaustreibung vor Publikum öffentlich in der Basilika von Altötting (wo er auch Kromschröder die Beichte abgenommen hatte):

Die robuste Bäuerin wurde gefesselt, von kräftigen »Packern« gewaltsam auf den feuchtkalten Steinfußboden der Kirche gezwungen und von ihren Peinigern erst verschont, als sie entkräftet zusammenbrach und Pater Konstanz ihr den Dämon »Pluto der Erste« ausgetrieben hatte.

Die Bischofskonferenz distanzierte sich weder von diesem noch von ihren anderen Pro-Strauß-Beichtvätern. Statt dessen verlangte sie vom Deutschen Presserat, der über die Ein-

haltung der guten Sitten im Journalismus wacht, Kromschröder eine Rüge auszuspre-
chen. Begründung der Kirchenoberen: Er habe »bei der Beschaffung von Nachrichten
und Informationsmaterial unlautere Methoden angewandt und die Persönlichkeitsrechte
der namentlich genannten Geistlichen und das religiöse Empfinden einer Personengrup-
pe verletzt«.

Doch der Episkopat wurde abgeschmettert. Im Presserat fand die Bischofs-Beschwerde
nicht die erforderliche Mehrheit, sie wurde als »unbegründet« abgewiesen. Für die Journalisten, die sich gegen die Rüge ausgesprochen hatten, erklärte der Vorsitzende der Deutschen Journalisten-Union (dju), Eckart Spoo: Kromschröder habe mit seiner Reportage
den Mißbrauch seelsorgerischen Einflusses durch Priester aufgezeigt, die ihre amtliche
Autorität eingesetzt hätten, um politische Macht auszuüben. Das Beichtgeheimnis sei in
diesem Fall nicht betroffen gewesen, weil es den Beichtenden schützen solle, nicht den
Priester.

Nach dieser Entscheidung kam es zum Eklat: Hans Wilhelmi, Verleger des »Gießener
Anzeiger«, legte sein Amt nieder und trat unter Protest aus dem Presserat aus, weil er bei
diesem Votum zugunsten Kromschröders die »Achtung persönlicher Werte und Moral-
vorstellungen« nicht mehr gewährleistet sehe.

In der Zurückweisung der Beschwerde sah auch Dr. Wilhelm Weyer aus Köln die guten
Sitten bedroht und konstatierte den »moralischen Niedergang des Deutschen
Presserates«. Dr. Weyer ist Geschäftsführer der »Zentralstelle für Sozialethik und Sozial-
hygiene«, die im Schatten der Kölner Domtürme unter dem Patronat des höchsten deutschen Kirchenmannes Kardinal Höffner agiert. Bei der breitangelegten Kampagne des
Klerus gegen Kromschröder und den Stern, der seinen Bericht abgedruckt hatte, mar-
schierte Sozialhygieniker Dr. Weyer stets in vorderster Front mit: Er ließ Autoaufkleber
mit Texten wie »Stern im Beichtstuhl - Stern im Abseits« drucken, agitierte in Kirchen-
gemeinden für einen Stern-Boykott, reichte selbst Beschwerde beim Presserat ein; sein
Sitten-Verein veranstaltete Unterschriftensammlungen, druckte eine eigene Zeitschrift
»gegen die diffamierenden Äußerungen des Journalisten Kromschröder«.

Dr. Wilhelm Weyer hat Übung in dieser Art glaubensbewußter Öffentlichkeitsarbeit.
Früher befehligte er eine andere stramme Katholen-Truppe: den »Volkswartbund«,
Deutschlands Moralhüter Nr. 1, der verbissen gegen Sexualliteratur ankämpfte, aber nie
gegen gedruckte Kriegsverherrlichung. Und Dr. Weyer agierte auch federführend in der
»Aktion Pornostopp« — zusammen mit dem rechtsradikalen Anwalt Manfred Röder, der
damals von der katholischen »neuen bildpost« als »Revolutionär« gelobt wurde, »der
nicht tatenlos zusehen will, wie sein Land einer Entwicklung zusteuert, die er als Christ,
als Familienvater und als Bürger dieses Staates nicht verantworten kann.« Im Januar 1982
wurde das ehemalige CDU-Mitglied Röder als Rädelsführer einer rechten Terror-Truppe
in Stuttgart-Stammheim vor Gericht gestellt. Vorwurf gegen Dr. Weyers Mitkämpfer
Röder: Gründung einer neonazistischen terroristischen Vereinigung, die bei mehreren
Bombenanschlägen zwei Menschen getötet hat. (Siehe auch Nachtrag zu »Ku-Klux-Klan
West Germany«.)

Partisan für
F. J. S.

Meine erste Bekanntschaft mit der »Konzentration Demokratischer Kräfte (KDK) — Bürgerinitiative für freiheitliche Ordnung« beginnt mit einer nichtöffentlichen Sitzung eines guten Dutzend honoriger Herren im Hinterzimmer eines Renommierhotels in Heusenstamm bei Offenbach. Den betuchten Anwesenden, meist Vertreter der Industrie, werden Angstschauer über den Rücken gejagt: Die Bundesrepublik sei bereits vollkommen kommunistisch unterwandert, und die »Radikalen im öffentlichen Dienst« säßen schon in höchsten Regierungsstellen. Dieser unheilvollen Entwicklung sei nur mit einer an Franz Josef Strauß orientierten nationalen und industriefreundlichen Politik zu begegnen.

Auf einem firmenähnlichen Briefkopf »Kromschröders Frankfurter Ansichtskarten« schreibe ich an den Veranstalter des Geheim-Treffs, die KDK-Bürgerinitiative in Wiesbaden: »Gerade als Unternehmer scheint mir Ihr Vorhaben begrüßenswert, da es sich auch von den zum Teil in der CDU erkennbaren Linkstendenzen absetzt und die konservativ-reaktionären Tendenzen in der CDU stützt. Was Deutschland braucht, sind Männer, die sich entschlossen für ein Wiedererstarken unserer Nation einsetzen.«

Der auf Strauß anspielende nationale Köder wirkt. Die KDK beißt an. Schon am nächsten Tag meldet sich KDK-Geschäftsführer Fritz Harth telefonisch bei mir. Er heißt mich, den er als PR-Experten einstuft, in seinem Kreis »entschlossener Männer« willkommen. Für den Abend lädt er mich zu einer — diesmal öffentlichen — »Propaganda-Veranstaltung« mit dem

103

KDK-Aktivisten Gerhard Löwenthal ein: »Melden Sie sich am Eingang bei Herrn Oberstleutnant Gonther, er steht dort bei unseren Ordnern. Wir müssen sehen, daß wir möglichst viele Plätze mit unseren Leuten besetzen.«

Starke Polizeikräfte sichern den Saal gegen Demonstranten. Als KDK-Freund habe ich ungehindert Zutritt. Gerhard Löwenthal am Rednerpult. Er trägt eine mit deutschen Adlern bestickte blaue Krawatte. Sein Thema: »Freiheit in Gefahr«.

ZDF-Moderator und KDK-Agitator Löwenthal rügt die Bonner Ost-Politik als »sowjetische Westpolitik«, wirft den hessischen Sozialdemokraten »Nazi-Methoden« vor und kritisiert die FDP als »ständig entzündeten Blinddarm der SPD«. Fazit des Strauß-Freundes: durch die sozialliberale Koalition seien »wir fast am Ende der Demokratie«. Es kommt zu Tumulten.

Im von Polizisten abgeriegelten »Stanley-Saal« findet anschließend ein internes Treffen von Freunden und Förderern des Frankfurter KDK-Kreises statt. Mit Löwenthal und für Strauß dabei ist auch der Unternehmer Casimir Johannes Prinz zu Sayn-Wittgenstein, Vorsitzender des hessischen CDU-Wirtschaftsrates.

Wenige Tage später bekomme ich wieder einen Anruf von KDK-Geschäftsführer Harth. Er hält mich inzwischen für so vertrauenswürdig, daß er mich in die Zentrale nach Wiesbaden einlädt. Dort will er mit mir »einige Fragen der PR- und Öffentlichkeitsarbeit der Konzentration Demokratischer Kräfte besprechen«. Ich sage zu.

Wiesbaden. Kaiser-Friedrich-Ring 65. Im Erdgeschoß des großbürgerlichen Hauses residiert der Lobby-Verein »Schutzverband der Spirituosenindustrie«.

Im ersten Stock die Anwaltspraxis von Alfred Carl Gaedertz. Der Jurist ist Geschäftsführer des »Schutzverbandes« von unten und Syndikus der Firma Eckes, Deutschlands größtem Schnapshersteller. Der rechtslastige Eckes ist einer der Mitbegründer der KDK, die die CDU auf Strauß-Linie bringen soll.

Im dritten Stock eine schmucklose Tür mit Spion, ohne Namensschild. Zum Schutz des Eingangs ein schweres Eisengitter, das jetzt zurückgeklappt ist. Hier bin ich richtig. Im Flur ein auf Bütten gedrucktes, unter Glas gerahmtes Churchill-Zitat: »Der Sozialismus ist die Philosphie des Versagens, das Credo der Ignoranz und ein Glaubensbekenntnis des

Neids.« Die Wiesbadener KDK-Zentrale wird gerade eingerichtet, überall riecht es nach frischer Farbe.

Geschäftsführer Fritz Harth begrüßt mich, ein 40 Jahre alter, untersetzter Mann mit graumeliertem Haar und getönter Brille. Er ist Zuckergroßhändler in Mainz und Major der Reserve, wie er mir stolz erzählt. Im Konferenzzimmer der einzige Wandschmuck: eine Karte Deutschlands in den alten Grenzen und wieder ein Zitat hinter Glas, diesmal von Napoleon: »Zwietracht brauchte ich nicht zu stiften unter den Deutschen, denn die Einigkeit war aus ihrer Mitte längst gewichen.« Auf einer Konsole über der Heizung eine 5-Liter-Flasche »Asbach Uralt« in einem schmiedeeisernen Schwenker. In der Mitte des Raumes ein großer Konferenztisch mit blaubezogenen Sesseln, farblich abgestimmt auf die neuen blauen Gardinen.

Harth hält nichts von den »CSU-Freundeskreisen« — die sind ihm »schon vom Namen her zu erkennbar auf Strauß-Kurs«. Er hält es lieber mit »Organisationen, die aus dem Hintergrund wirken«. Sein Strauß-Verein, so erläutert er mir, sei hervorgegangen aus der in Stuttgart ansässigen »Arbeitsgemeinschaft Demokratischer Kreise« um den Verleger Heinrich Seewald und um den CDU-Wirtschaftsrat Busso Graf von Alvensleben. Diese Organisation habe ihre Wurzeln in der Adenauer-Zeit, wo sie, finanziert vom Bundespresseamt, zur »Propagierung der Remilitarisierung der Bundesrepublik« gegründet worden sei. Im CDU-Land Baden-Württemberg würden von der KDK bereits zahlreiche Veranstaltungen mit der dortigen Landeszentrale für politische Bildung organisiert. Im roten Hessen wolle man dagegen direkt an die Öffentlichkeit treten. Ähnlich sei auch die Strategie in Niedersachsen. Dort sei bereits mit den Christlichen Gewerkschaften eine Werkszeitung für VW-Arbeiter gegründet worden. Harth gibt mir mehrere Exemplare davon: »Verteilen Sie sie unter ihren Leuten.«

Unter dem Stichwort »Witz der Woche« lese ich da: »Wehner zu Brandt im Hubschrauber: ›Wenn ich zwei 100-Mark-Scheine nach unten werfe, freuen sich zwei Menschen.‹ Brandt zu Wehner: ›Wenn ich zwanzig 10-Mark-Scheine nach unten werfe, freuen sich 20 Menschen.‹ Der Pilot zu Wehner und Brandt: ›Wenn ich euch zwei nach unten werfe, dann freut sich die ganze Nation.‹ — »Ein kämpferisches Blatt, nicht wahr«, sagt der KDK-Geschäftsführer.

Ich frage nach den Anfängen der KDK in Hessen. Harth: »Ich habe die

Büromöbel, Adressen und Gehalt vom Schnapsbrenner – Unternehmer Eckes, generöser Förderer der »Konzentration Demokratischer Kräfte« (KDK)

Erfolg mit einem NPD-Slogan – KDK-Partisan Kromschröder (links) mit Geschäftsführer Harth bei einer Veranstaltung des »Brückenkopfs Frankfurt«

»Deutschland braucht Männer, die sich für das Wiedererstarken der Nation einsetzen« – KDK-Agitator Löwenthal mit seinem Idol Franz Josef Strauß

KDK hier von Nieder-Olm, den Eckes-Werken aus, aufgebaut. Dort bin ich offiziell in der PR-Abteilung als leitender Angestellter angestellt.« Er erzählt, wie er seinen Schein-Job von Ludwig Eckes bekam: »Eckes stellte mich ein, ohne, wie es wohl vorgeschrieben ist, den Betriebsrat dazu zu hören. Sie müßten den kennen, wie er sagte: ›Die vom Betriebsrat haben mir doch nichts vorzuschreiben, ich bezahle die doch schließlich.‹ Damit war ich eingestellt.«

Sämtliches Mobiliar in der Wiesbadener KDK-Zentrale sei aus den Eckes-Werken aus Nieder-Olm. »Die Schreibtische, die Stühle, alles.« Man habe die Sachen zu »ausrangiertem Büromaterial« deklariert und als Sperrmüll aus dem Werk geholt.

Manchmal freiliche könne der Strauß nahestehende Eckes nicht so für seine Politik werben, wie er es sich wünsche. Harth: »Herr Eckes wollte über seine Kundenkartei allen seinen Geschäftsfreunden in Hessen unsere KDK-Schriften zuschicken lassen. Da machte ihm aber so ein Linker aus der Verkaufsabteilung einen Strich durch die Rechnung. Der befürchtete geschäftliche Rückschläge und sagte: ›Wenn der Herr Eckes seine politischen Ambitionen pflegen will, dann nicht zu Lasten des Betriebes, sondern privat.‹ Ich bin dann aber abends nach Nieder-Olm gefahren und hab' mir die EDV-Adressen heimlich aus dem Betrieb geholt und die Sachen von hier aus verschickt — so geht's also auch.«

Harth hat den Brief vor sich liegen, den ich ihm geschrieben habe. Ich kann darauf seine handschriftliche Notiz lesen: »Mitfinanzierung«. Die Industrie, so erzählt er mir, sei durchaus großzügig mit Geldern für seinen rechten Verein.

Von diesen Spenden dürfe natürlich die Öffentlichkeit nichts erfahren. Es sei peinlich, wenn es da zu Pannen komme: »Bei Merck in Darmstadt haben die doch einen Kommunisten im Betriebsrat. Die können uns natürlich keine Spenden direkt überweisen, weil dieser Kommunist Einsicht nehmen kann in die Bücher und auf solche Sachen natürlich ganz besonders scharf ist.«

»Wir sind eine außerparlamentarische Organisation«, erklärt mir Harth, »mit Geld allein ist es nicht getan. Wir müssen auch durch entsprechende CDU-Abgeordnete, die auf unserer Linie liegen, im Parlament weiterwirken.« Als ich ihn frage, ob die CDU denn bei der Auswahl solcher Abgeordneten kooperationsbereit sei, legt er den Finger auf den Mund und weist stumm auf einen Anstreicher, der gerade hereingekommen ist und in der hinteren Ecke des Raumes in gebückter Haltung eine schadhafte Tapetenstelle ausbessert. «Manchmal haben die Wände ja Ohren«, sagt er.

Erst als der Handwerker wieder draußen ist, fährt Harth fort: »Es bestehen Absprachen mit der CDU — inoffiziell natürlich — , und auch mit Herrn Dregger haben schon entsprechende Gespräche stattgefunden. Manche Teile der CDU sind eben, wie Sie sehen, auch für unsere politische Richtung aufgeschlossen.«

Harth geht nach draußen und holt einige Ausgaben seines Agitationsblattes, das sich unter Verwendung der KDK-Initialen »Korrigiert den Kurs« nennt. Darin lese ich, was von den Ostkontakten des DGB-Vorsitzenden Vetter zu halten ist (»Arbeitervertreter küßt Arbeiterverräter«), und ich erfahre Details über »Moskaus Invasionspläne gegen Österreich«. Während ich in der Zeitung blättere, meint Harth: »Das kann man natürlich noch viel besser machen.« Er ermuntert mich wieder, mir Gedanken zu machen über die Gestaltung der Zeitung und die KDK-Öffentlichkeitsarbeit. Ich verspreche, ihm entsprechende Vorschläge zu machen.

Damit ich für meine Arbeit »weiß, was die KDK will«, überhäuft er mich dann im Sekretariat mit Fotokopien — zum Teil in der Pressestelle des Wehrbereichskommandos IV in Mainz gleich stapelweise für den verkappten Strauß-Verein fotokopiert. Mit auf den Weg gibt er mir auch noch die KDK-Broschüre »Unsere Ziele«, in der zu mehr »demokratischem Patriotismus« aufgerufen wird und ich aufgefordert werde, »Verantwortung mitzutragen, Bekennermut zu zeigen«.

Denn, so Harth: »Unser Volk und unsere Nation verlangen auch Pflichterfüllung.«

Abschließend frage ich Harth, warum gerade er als Major der Reserve Geschäftsführer der KDK ist. Der stramme Strauß-Mann antwortet mit einem militärischen Bild: »Als Soldat verstehe ich etwas von Organisation. Wenn ich ein Bataillon zu kommandieren hätte, würde ich die Aufgabe der KDK folgendermaßen beschreiben: Hier in Wiesbaden ist die Kommandozentrale. Wir haben jetzt Brückenköpfe im Feindesland errichtet — in Kassel, Eschwege, Fulda, Gießen, Offenbach, Darmstadt und Frankfurt. Von diesen Brückenköpfen aus werden unsere Partisanen operieren.«

Mich, den neuen KDK-Partisan für Strauß, ordnet Frontkämpfer Harth dem Brückenkopf Frankfurt zu. Dort sei mein Verbindungsmann Herbert Maier-Staud von der »Metallgesellschaft«, die ihn großzügig mit Spenden bedenke. »Das wird sicher nicht zu Ihrem Nachteil sein«, sagt er mir, »vielleicht kommen Sie da auch geschäftlich mit der Metallgesellschaft in Verbindung.«

Mit der Zusicherung, die mir aufgetragenen Aufgaben als KDK-Werbeberater pflichtgetreu zu erledigen, verabschiede ich mich schließlich an dem Eisengitter, das Harths Vorgänger, ein Oberstleutnant, aus »Angst vor den Molotow-Cocktails der Linken« vor der Kommandozentrale hat anbringen lassen.

Später rufe ich Harth an. Ich sage ihm, mir sei nach reiflicher Überlegung der folgende Spruch für die »Konzentration Demokratischer Kräfte« eingefallen: »Sicherheit durch Recht und Ordnung«. Harth ist begeistert. Er findet den Slogan sehr treffend für seine stramme Truppe.

Ich auch. Es ist ein NPD-Slogan.

*

Nachtrag: Mit Veröffentlichung des Berichts mußte KDK-Geschäftsführer Harth, den Schnapsfabrikant Eckes heimlich über das Gehaltskonto seiner Firma besoldet hatte, auf diese Nebeneinkünfte verzichten, wie der Eckes-Betriebsratsvorsitzende danach mitteilte: »Zur Reportage von Gerhard Kromschröder über die KDK dürfte Sie interessieren, daß die Karriere des ›Partisanenhauptmanns‹ Harth ein jähes Ende gefunden hat. — Nach Enttarnung durch Ihren Artikel war es eine Formsache, den ohne unser Wissen auf die Gehaltsliste gelangten Harth unter Berufung auf das Betriebsverfassungsgesetz auszuheben … Die Verquickung politischer und geschäftlicher Bestrebungen durch Herrn Eckes verursacht nicht nur den ›Linken‹ in der Verkaufsabteilung verständliches Unbehagen. Das anerkennenswerte politische Engagement unseres Chefs sollte geeignetere Formen der Betätigung finden; vor allem aber sei Herr Eckes gewarnt, die Rettung der Demokratie auf der äußersten Rechten zu suchen. Die Geschichte der Demokratie in unserem Land zeigt deutlich, daß der gefährlichere Feind immer von rechts kam. Wer die Stärkung der Demokratie zu seinem Ziel macht, sollte diese Erfahrung nicht übergehen.«

Die Neger-Tour

»Prächtiges Neger-Exemplar«, sagt Herr Schütz neben mir. »Hochgewachsener, mäßig wulstlippiger Typus mit hochschädeliger Kopfform — offenkundig Zulu«. Er zeigt durch das Busfenster auf einen Schwarzen, der im Schatten seiner Behausung ein Fahrrad repariert. Zwei ungefähr 14 Jahre alte Jungen, die neben dem Mann am Rand der staubigen Straße hocken, blickten zu uns herüber und recken den rechten Arm nach oben. Mit gespreizten Fingern machen sie das »Victory«-Zeichen der schwarzen Bürgerrechtsbewegung.

Herr Schütz, ehemaliger SS-Hauptsturmführer der »Leibstandarte Adolf Hitler«, fühlt sich durch diese Geste provoziert und sagt, was er später gar nicht gesagt haben will: »Dieses Negerpack, die wollen uns Weiße doch alle ins Meer schmeißen. Bei denen hilft nur Druck, um ihnen die kommunistischen Flausen auszutreiben.« Hinter uns zustimmendes Gemurmel. Wir sitzen in einem vollklimatisierten Bus und fahren durch das Neger-Getto Soweto bei Johannesburg. Hier sind über eine Million Menschen in meist ärmlichen Hütten zusammengepfercht. Im weißen Johannesburg dürfen die Schwarzen nicht wohnen, und für Weiße ist das schwarze Soweto eine verbotene Stadt. Wir haben eine Ausnahmegenehmigung für das Sperrgebiet — »zu touristischen Zwecken«. ███████ ███████████████████████████ sie nur wie wilde Tiere vom sicheren Platz aus beobachten.

Herr Schütz hat sich wieder beruhigt. Er nimmt das Bordmikrophon. »Meine Damen und Herren«, tönt es durch die Buslautsprecher, »ich glaube, daß wir bei dieser Fahrt durch Soweto gesehen haben, daß sich der Schwarze — dank der Apartheid — so entwickeln kann, wie es seiner rassischen Eigenart entspricht. Der Neger liebt das Einfache, Bescheidene, das Erdverbundene.«

Die Buspassagiere lauschen andächtig den Worten des Reiseleiters. Drei Wochen bin ich jetzt schon mit diesen 30 Deutschen im südlichen Afrika unterwegs. Alle sind sie Leser der »Deutschen Wochen-Zeitung« (DWZ), die diese »DWZ-Leserreise« zum siebzehnten Mal organisiert hat. Herausgeber des rechtsradikalen Wochenblattes sind außer dem Neger-Experten Schütz noch der frühere NPD-Vorsitzende Adolf von Thadden und der ehemalige NSDAP-Gauhauptamtsleiter und SS-Kriegsberichterstatter Erich Kernmayr.

Herr Schütz hat die Reiseteilnehmer, ▮▮▮▮▮▮▮▮▮▮▮▮▮▮▮▮▮▮▮▮ ▮▮▮▮▮▮▮▮▮▮▮▮▮▮▮▮▮▮▮.« Bei mir scheint der Computer die falschen Auskünfte gegeben zu haben. Denn für kritische Berichterstatter ist Südafrika gesperrt, sie bekommen grundsätzlich kein Visum. Deshalb hatte ich mich als Leser der rechtsradikalen »Deutschen Wochen-Zeitung« ausgegeben — und durfte prompt einreisen.

Um mich auf diese Reise vorzubereiten, habe ich viele Nummern der »Deutschen Wochen-Zeitung« studiert. Eine bemerkenswerte Lektüre. Adolf Hitler ist dort »in seiner intuitiv-ingeniösen Einmaligkeit... ein Phänomen der Weltgeschichte... wie es deren in Jahrhunderten nur eines gibt«. — Die Waffen-SS ist »die Avantgarde einer europäischen Völkerfamilie«. Und die KZ-Opfer sind nicht ermordet worden, sondern »in erschreckender Weise den Seuchen« erlegen.

Als Leser dieser Zeitung sind wir in Südafrika besonders willkommene Gäste. Wir sollen zu »Botschaftern Südafrikas in Deutschland« gemacht werden, sagt der Leiter des staatlichen Reisebüros in Pretoria.

Erst gestern abend hat uns die Regierung durch Captain C. H. Bennett, Direktor der Strategie-Abteilung der südafrikanischen Armee, erklären lassen, weshalb ihre Truppen nach Angola einmarschieren mußten: »Wir glauben, daß wir nicht nur das Recht, sondern auch die Pflicht haben, den reißenden Wolf bis in seine Höhle zu verfolgen und ihn wie Ungeziefer auszumerzen.«

Über 9000 Kilometer sind wir kreuz und quer durch Afrika gereist, haben karge Steppen und blühende Küstenlandschaften gesehen, haben viel

»Den Neger muß man als Untermenschen behandeln« – die deutsche Reisegruppe läßt sich ausnahmsweise von einem schwarzen Fahrer chauffieren

»Hoffentlich vergiften die uns nicht« – Reiseleiter Waldemar Schütz
(rechts) läßt sich beim Mittagessen von fünf Farbigen bedienen

Nachbildungen der Ureinwohner aus Gips – in einem Museum in
Kapstadt besichtigen die weißen Polit-Touristen, was Weiße zerstörten

»Hier gibt es mehr Deutschtum als in Deutschland« – Waldemar Schütz mit
kaiserlichem Schutztruppen-Offizier im »Deutschen Museum« Swakopmund

**»Gestern das SS-Treuelied« – Schütz
am alten deutschen Fort Namutoni**

**Kromschröder und Mitreisende
am Schutztruppen-Denkmal**

**»Der Neger liebt das Einfache« – der ehemalige SS-Hauptsturmführer
Suhany fotografiert in Soweto schwarze Kinder fürs Familienalbum**

über Deutschtum im Ausland gehört und über die Vorzüge der Apartheid für die Schwarzen, ohne je mit einem Schwarzen darüber reden zu können.

In Windhuk, der Hauptstadt des ehemals kaiserlichen Kolonialgebietes »Deutsch-Südwest-Afrika«, hat die Rundfahrt begonnen. Auf einer Anhöhe über der Stadt begrüßte uns der Gemüsegroßhändler Heinz Marting. Der seit 1934 in Südwestafrika ansässige Geschäftsmann war bei der SS-Totenkopf-Standarte »Brandenburg«. »Heute früh erst«, erzählt Marting aufgekratzt, »hat ›Radio Südwest‹ das ›SS-Treuelied‹ gespielt, gesungen von Heino.« Die Gruppe fühlt sich wohler als zu Hause.

Schwarze servieren Fleisch, am offenen Feuer gegrillt. Richard Suhany, Teppichhändler aus der Nähe Frankfurts und ehemaliger Hauptsturmführer des SS-Panzergrenadier-Regiments »Germania«, äugt skeptisch zu dem schwarzen Kellner, der ihm den überladenen Fleischteller hinschiebt. »Hoffentlich vergiften die uns nicht«, sagt der 68jährige.

Eine Stunde später empfängt uns Adolf Brinkmann, Funktionär der »Nationalen Partei« und Abgeordneter im weißen »Landesrat« in Windhuk. Seine Partei lebt von Spenden aus Deutschland. Doch der Mittvierziger hat seine Probleme damit: »Die Gelder von der CSU und ihrer Hanns-Seidel-Stiftung sind zwar reichlich, aber zu offen geflossen. Das hätte diskreter gehalten werden müssen.«

Die »negerfreundliche Politik Bonns« sei »reiner Rassismus«, sagt Herr Brinkmann, »weil damit die Interessen der Weißen mit Füßen getreten werden.« Und für die Demokratie sei »der Neger noch gar nicht reif«. Vereinzeltes Klatschen. »Wir glauben nicht an die Gleichheit des Menschen. Es gibt rassenbedingte Unterschiede, die wir herausstreichen müssen, um der kommunistischen Gleichheits-Ideologie wirkungsvoll entgegentreten zu können.« Applaus. »Was wir anstreben, ist ein ›völkischer Nationalismus‹, in dem jede Rasse, je nach ihren Fähigkeiten, ihren Platz zugewiesen bekommt.« Starker, anhaltender Beifall. Herr Schütz dankt dem Referenten Brinkmann: »Sie haben uns aus der Seele gesprochen. Es darf nicht sein, daß ein von Moskau gesteuertes Untermenschentum unter dem Schlagwort ›Demokratisierung‹ Afrika erobert.«

Ein Tag später in Swakopmund an der Atlantikküste. In der Swakopmunder Zeitung »Der Deutsch-Südwester« habe ich gelesen, wie die Zukunft Afrikas aussehen soll: »Der Nationalismus als Lehre ist die Hoffnung für morgen. Er lehrt die Unersetzlichkeit der Selektion und der Völker, die Hochschätzung der Rassen, die Wichtigkeit der Zusammenarbeit der europäischen Völker und die Wiederauferstehung unser aller Heimat Europa. Er ist die Ordnung hinter der Götterdämmerung, die im Gefolge der Herrschaft der Großbankiers und der Zionisten, der Marxisten und Freimaurer über uns alle hereingebrochen ist.«

Im »Hansa-Hotel« in Swakopmund werden wir von Schwarzen bedient. Frau Gießel-Dienel, Steuerbevollmächtigte und NPD-Mitglied aus Stuttgart, winkt den Kellner heran: »Ja, bitte, Sie wünschen«, fragt er auf Deutsch. »Du mir bringe Ei-egg, verstehe, Rührei, du understand, yes.« Als sie ihr Rührei ißt, sagt Frau Gießel-Dienel: »Diese Neger, die muß man behandeln wie die Tschechen im Volkstumskampf im Sudetenland: als das, was sie sind, als Untermenschen.«

Am Abend Zusammenkunft mit »Vertretern der deutschen Gemeinde Swakopmund«. Herr Schütz überreicht aus einem Fonds eine Tausend-Mark-Spende »für die Erhaltung des Deutschtums in Südwest« an Dr. A. M. Weber, den Leiter des örtlichen »Deutschen Museums«. Detlev Keibel von der »Interessengemeinschaft deutsch-sprachiger Südwester« sagt an diesem Abend: »Wir Deutsche haben uns in unserem Verhältnis zu den Schwarzen hier nichts vorzuwerfen.«

Aus Büchern über die deutsche Kolonialzeit erfahre ich anderes. 1904 wurden beim ersten Herero-Aufstand 70 000 Menschen von den deutschen »Schutztruppen« umgebracht — 87 Prozent der Herero. 1904 bis 1907 töteten des Kaisers Soldaten drei Viertel des Nama-Volkes, das waren 45 000 Menschen.

Der Windhuker Farmer Berndt Riehmer, der uns auf der Fahrt durch Südwest begleitet, schockt die deutsche Reisegruppe: »Wir Weißen haben viel gesündigt in der Vergangenheit, und wenn wir uns nicht ganz schnell mit unseren schwarzen Landsleuten arrangieren, ist es für alle zu spät.« Berndt Riehmer wird fortan gemieden. »Ein gefährlicher Liberaler«, warnt Reiseleiter Schütz.

Auf dem Weg nach Namutoni, einem ehemaligen deutchen Wüstenfort, bekommen wir Gesellschaft. Der Berliner CDU-Abgeordnete Dr. jur. h.c. Karl-Heinz Schmitz steigt in den Bus. Der Christdemokrat ist, wie er mir erzählt, »schnell mal auf Einladung der Südafrikanischen Regierung eingeflogen, um einige Geschäfte klarzumachen, Verbindungen herzustellen zwischen der deutschen Industrie und südafrikanischen Geschäftspartnern«.

117

»Der Neger«, so sagt der Rechtsanwalt, »kommt nur bis zum 8. Volksschulgrad, dann hört es auf.« Schmitz hat gerade Militäreinrichtungen an der Nordgrenze besichtigt, die »Omega-Base«. »Unter Führung eines Deutschen werden dort 900 Buschmänner zu richtigen Soldaten gegen die Swapo gedrillt«, sagt Schmitz bewundernd.

»Nachgeben nützt nichts, das haben wir ja bei den Hausbesetzern in Berlin gesehen. Auch bei Neger-Terroristen muß man Stärke zeigen, sonst ist man verloren.« Zurück in der Bundesrepublik, wird Schmitz seine Äußerungen später bestreiten.

Busfahrer Jochen Schaumburg assistiert dem CDU-Abgeordneten, der einmal als Berliner Innensenator im Gespräch war: »Unsere schwarzen Soldaten fackeln bei ihren Einsätzen in Angola nicht lange. Wenn die so einen Swapo-Mann in die Finger bekommen, schneiden die den in Stücke und nehmen die Einzelteile als Souvenirs mit nach Hause. In dieser Beziehung ist der Neger ja ganz lernfähig.«

Tage später sind wir in Kroondal, einer deutschen Sprachinsel, 100 Kilometer westlich von Pretoria. 600 Menschen mit deutschem Stammbaum gibt es hier. Mindestens die Hälfte davon füllt jetzt die »Evangelisch-Lutherische Kirche Kroondal«. Wir singen »Wach auf, wach auf, du deutsches Land! Du hast genug geschlafen.«

Nach dem Gottesdienst erzähle ich Pastor Hinrich Pape, was ich in der Zeitung gelesen habe: In einer anderen Gemeinde wurden vor einigen Tagen Schwarze aus der Kirche gewiesen, die an einer Trauerfeier für ihren weißen »Baas« teilnehmen wollten. »Könnte das auch bei Ihnen passieren?« frage ich.

Pastor Pape: »Niemals! Die Schwarzen haben hier gar nicht das Bedürfnis, an einem weißen Gottesdienst teilzunehmen.«

Ich bin zu Gast bei Fritz Scriba, dem Leiter der deutschen Schule in Kroondal. »Der Neger«, sagt er bei Kasseler und Sauerkraut, »hält sehr auf Rassenhygiene — warum sollten wir das nicht auch tun? Wir achten hier streng darauf, daß die Deutschen nur untereinander heiraten.« Ob das nicht zu Inzucht führen könne, frage ich. »Beim Neger vielleicht, bei uns nicht.«

Beim Nachtisch erklärt mir Lehrer Scriba, daß der Schwarze nicht regieren könne: »Wenn Sie einem Neger die Macht geben, das ist genauso, als würden Sie einen 15jährigen über Ihr Scheckheft verfügen lassen.« Wir gehen nach draußen. Neben dem weiträumigen Bungalow eine unverputzte

Steinhütte, nicht größer als eine Garage. Davor liegt ein verrostetes Autowrack. In der Hütte wohnt »ein Teil des Hauses« — Lehrer Scribas schwarze Angestellte Meijma. »Den Negern geht es hier sehr gut«, sagt mir der Lehrer zum Abschied.

Pretoria. Im Tagungsraum des »Burgerspark«-Hotels begrüßt Reiseleiter Schütz einen Referenten, dem er »durch zahlreiche gemeinsame Aktivitäten freundschaftlich verbunden« ist — Dr. Hans Germani, Südafrika-Korrespondent der Tageszeitung »Die Welt«. Germani revanchiert sich: »Ich bin gerne unter den Lesern der ›Deutschen Wochen-Zeitung‹, weil die DWZ politisch auf meiner Linie liegt.«

Dr. Germani ist Anhänger der Apartheid: »Stellen Sie sich nur vor, in einer Arbeiterkneipe dürften Weiße und Schwarze verkehren! Da gäbe es doch nur Schlägereien, weil die einfachen Menschen mit der Aufhebung der Rassenschranken nicht umgehen können.«

Im »Blue Train«, einem »Fünf-Sterne-Hotel auf Rädern«, fahren wir 26 Stunden von Pretoria nach Kapstadt. Für die hundert weißen Passagiere des Luxus-Zuges stehen 25 weiße Bedienstes zur Verfügung. In der Küche, wo man sie nicht sieht, arbeiten drei Farbige.

Das Abend-Menü wird serviert. Es hat dreizehn Gänge:

Mit Käse gefüllte Birne; Gebundene Erbsensuppe »Chatelaine«; Gebratene Seezunge mit Cambridge-Tunke; Paniertes Hähnchen mit Mais; Spargel mit Ei und Cremesoße »Mousseline«; Gebackenes Schweinelendchen mit Röstäpfeln; Rinderlende mit Yorkshire-Pudding; Gemischtes Gemüse; Schokoladen-Pudding; Vanille-Eis; Käse und Gebäck; Dessert nach Wahl.

Draußen, hinter den zum Schutz gegen die Sonnenstrahlung mit Goldstaub beschichteten Scheiben, karges Land, Bahnhöfe, mit den nach »Whites« und »Non-Whites« getrennten Bahnsteigen, Fahrkartenausgaben und Wartesälen. Neben dem Bahndamm ärmliche Wellblechhütten.

Herr Dr. Hawelka, Arzt und NPD-Funktionär aus dem bayerischen Traunreut, hat zum Essen einen »Fleur du Kap Riesling« bestellt, prüft ihn mit Kennermiene.

»Ich weiß gar nicht, was das ganze Gezeter soll, hier in Südafrika läßt sich doch leben«, sagt er zufrieden.

Kapstadt, Stadtrundfahrt. Als wir an den Strand kommen, sagt die Fremdenführerin: »Das hier ist der Camps Bay, da dürfen jetzt auch die Schwarzen baden. Aber unter diesen primitiven Menschen läßt sich natürlich kein Weißer sehen. Die Weißen bleiben zu Hause und müssen sich jetzt in ihrem Garten Schwimmbäder bauen, damit sie mal baden können.«

Am Abend setzt Reiseführer Schütz eine »Orientierungsdiskussion« an. Den Anlaß hat Dr. Ewald Gorke, Arzt aus Stuttgart, geliefert, der gesagt hatte: »Ich bin doch nicht hier, um ›Heil Hitler‹ und ›Sieg Heil‹ zu rufen und alles, was man mir zeigt, gut zu finden. Es ist eine Schande, wie die Neger hier leben.«

Dr. Walter Kinzel, ein Psychologe aus Erlangen, hält ihm vor: »Es wäre eine Vergewaltigung des Negers, wenn man ihn zu schnell auf unseren Kulturstand bringen würde. Die Blechhütte gibt ihm Identität. Wenn er die nicht hat, fängt er an zu saufen.«

Die anderen stimmen zu. Zufrieden zieht Herr Schütz nach der Diskussion Bilanz: Dr. Gorke ist ein Einzelgänger, die Reihen bleiben fest geschlossen.

In Durban besuchen wir die deutsche Schule. Im Schulwappen die Reichsfarben Schwarz-Weiß-Rot. Herr Schütz übergibt wieder 5000 Mark aus seinem Fonds und eine Grafik des von Hitler geschätzten Arno Breker. Schulleiter Thomas Keller bedankt sich: »Arno Breker, das ist Kunst, vor der man strammstehen muß.« Es gibt Würstchen vom Grill und Bier aus Humpen. Herr Schütz ist begeistert: »Hier gibt es mehr Deutschtum als in Deutschland.«

Als unser Bus die letzte Station unserer Reise verläßt, die schwarze Millionenstadt Soweto, ist Herr Schütz weniger begeistert. Vor fünf Jahren wurden hier bei einem Aufstand schwarzer Jugendlicher 600 Kinder niedergemacht, viele hinterrücks von Polizeikugeln getroffen. Herr Schütz bemängelt, daß die Negerstadt im Notfall von den südafrikanischen Sicherheitskräften gar nicht zu kontrollieren ist. Der ehemalige SS-Hauptsturmführer sagt: »Da muß was drum, ein Zaun oder so.«

Treffen
unterm Totenkopf

Von draußen schallt das »Moor-soldaten-Lied« zu uns herein, das zuerst von Häftlingen im KZ Börgermoor gesungen wurde. Jetzt singen es protestierende junge Leute im nordhessischen Arolsen, wo die Angehörigen der SS-Elite-Division »Totenkopf« ihr jährliches Treffen feiern. »Diesem verdammten Demonstranten-Pack, den Wichsern, treten wir die Klüten ab«, poltert Horst Wilke, Vize-Vorsitzender der SS-Truppenkameradschaft »Totenkopf« und knallt die Tür der Stadthalle Arolsen-Mengeringhausen bei Kassel hinter sich zu.

Jetzt sind wir unter uns. »Hier ist die Elite versammelt«, erklärt mir SS-Kamerad Valentin Ruppert, »und da kommt nur noch rein, wer dazugehört.«

Im Foyer der Stadthalle treffe ich den kriegsblinden CDU-Bundestags-abgeordneten Hans Wissebach. Der ehemalige SS-Untersturmführer der SS-Division »Leibstandarte Adolf Hitler« steht neben einem kerzenbeleuchteten Schrein mit germanischen Todesrunen aus Birkenholz, die mit Stahlhelmen geschmückt sind. »Die Hilfsorganisation ehemaliger Angehöriger der Waffen-SS (HIAG), der auch unsere ›Totenkopf‹-Truppe angehört«, versichert mir der weißhaarige Abgeordnete, »ist nicht verfassungswidrig und hat auch nichts mit Rechtsradikalismus zu tun.«

Die Männer der Waffen-SS — in den Nürnberger Prozessen als Teil einer kriminellen Vereinigung eingestuft — sind für ihn »Soldaten wie andere auch«, gegen die aber jetzt »eine Hetzkampagne ohnegleichen betrieben wird, um sie als Nazis abzustempeln«.

In der Stadthalle haben sich an weißbezogenen Tischen über 400 Mitglieder der »3. SS-Panzer-Division Totenkopf« versammelt, die jüngsten unter ihnen sind fünfzig. Am Freitag waren die meisten von ihnen per Auto angereist — etliche mit der Kombination »SS« hinter den Ortskennzeichen ihrer Nummernschilder.

Es gibt Jägerschnitzel mit Beilage. Ich sitze neben dem Vorsitzenden der SS-Truppenkameradschaft, Friedrich Schuster aus Krefeld. »Wir haben keine Vergangenheit zu bewältigen«, versichert mir der 72 Jahre alte Fuhrunternehmer, der nicht weiß, daß ich seine biographischen Daten aus der Nazi-Zeit kenne: SS-Obersturmbannführer, SS-Nr. 7209, NSDAP-Mitgliedsnummer 2845489, von SS-Führer Heinrich Himmler persönlich mit dem SS-Ehrenring ausgezeichnet, Mitglied der SS-Zuchtanstalt »Lebensborn«.

Wir sprechen über die Anfänge der »Totenkopf«-Verbände, die zuerst zur Bewachung von Konzentrationslagern eingesetzt waren. »Im KZ Dachau«, so klärt er mich auf, »hatte jeder Häftling eine eigene Zahnbürste!« Ob denn da trotzdem nicht viel Unrecht geschehen sei, frage ich ihn. Nein, da sei alles mit rechten Dingen zugegangen: »Wenn es der Lagerleitung notwendig erschien, erzieherische Maßnahmen gegen Häftlinge vorzunehmen, hatte das alles eine klare Rechtsgrundlage.«

Ich werde der Türwache am Stadthallen-Eingang zugeteilt. Draußen hängt das Schild »Geschlossene Gesellschaft«. Innen der Hinweis für die ehemaligen SS-Leute: »Ruhe bewahren, auf keinen Fall provozieren lassen, nicht mit Pressevertretern sprechen.« Wir haben Anweisung, jeden Fremden abzuweisen — »wenn's sein muß, halt mit ein paar Handkantenschlägen«. Es klopft. Draußen steht ein Mann in schwarzer Montur. Er hebt den Arm zum Hitler-Gruß. Er darf passieren. Drei junge Männer drängen in die Tür. Sie tragen schwarze Lederjacken. Einer hat ein T-Shirt mit SS-Runen an. Sie sind aus Belgien angereist, als Vertreter der flämischen Terror-Organisation »Vlaamse Militante Orde«. »Die Jungs sind richtig«, sagt Hans Kramer, mit dem ich den Job am Eingang teile, und läßt die Neonazis vorbei.

Der ehemalige SS-Hauptsturmführer aus Fürstenberg erzählt mir stolz, daß er als Kriegsverbrecher zum Tode verurteilt worden war. »Die Begnadigung hätten die Alliierten sich schenken können«, sagt er mir, »ich wäre gern für den Führer gestorben.«

Kramer will mir gerade über seine Zeit als KZ-Wärter in der »Toten-

»Jeder KZ-Häftling hatte eine eigene Zahnbürste« – ehemalige SS-Leute der
»Totenkopf«-Elitedivision beobachten mit Kromschröder Gegendemonstranten

»Hier kommt nur noch rein, wer dazugehört« – der ehemalige SS-Hauptsturmführer Hans Kramer wehrt ungebetene Besucher am Eingang ab

»Erzieherische Maßnahmen gegen KZ-Häftlinge hatten immer eine klare Rechtsgrundlage« – Teilnehmer des »Totenkopf«-Treffens in Arolsen

kopf«-Truppe berichten, als die Prinzessin Ingrid zu Waldeck und Pyrmont durch die Tür gewuselt kommt und meinen Gesprächspartner freudig begrüßt. Der Vater der 47jährigen Prinzessin, Fürst Josias, war SS-Obergruppenführer und General der Polizei. Er war als SS-Führer des Oberabschnitts Fulda-Werra auch Oberaufseher des Konzentrationslagers Buchenwald. 1947 wurde er als Mitverantwortlicher für KZ-Morde zu einer 20jährigen Haftstrafe verurteilt. »Das war ein zackiger SS-Mann!« versichert mir Hans Kramer. »Und seine Tochter, die schlägt ganz nach seiner Art.«

Er drückt ihr die Hand: »Mensch, Prinzessin, wenn alles so gelaufen wäre, wie es sich der Führer vorgestellt hat, dann wären Sie heute Ehrenoberst einer SS-Einheit.«

Draußen sind inzwischen noch mehr antifaschistische Demonstranten aufgetaucht. Im Sprechchor rufen sie »Nazis raus!« Die Polizei hält sich mit mehreren Hundertschaften im Hintergrund. Vom ersten Stock hat man einen guten Blick auf die SS-Gegner vor der Stadthalle. Teilnehmer des Treffens scharen sich an den Fenstern. »Ab und ins Arbeitslager zum Torfstechen, da könnt ihr in aller Ruhe euer ›Moorsoldatenlied‹ singen«, meint Frau Hamele aus Hannover.

»Wo sind denn die Viehwagen?« fragt Valentin Ruppert unter dem Lachen der Umstehenden.

»Ihr müßt mal zum Entlausen«, ruft Horst Hicke von der HIAG Arolsen nach unten und fügt hinzu: »Wir sind mit sämtlichen Völkerstämmen der Welt fertig geworden, da werden wir die auch noch schaffen.«

Ein Demonstrant mit einer israelischen Flagge nähert sich dem Eingang der Stadthalle. »Die Juden haben uns gerade noch gefehlt«, seufzt Frau Hamele. »Da sieht man mal, wer diese Kampagne gegen uns steuert«, meint Walter Ott aus Gettorf. »Die Juden sitzen ja wieder überall drin«, bestätigt ihm sein Nachbar. »Der Herr Galinski vom Zentralrat der Juden in Berlin braucht ja nur mal mit dem Finger zu schnippen, und schon tanzen die in Bonn.«

»Nirgendwo kann man sich noch in Ruhe versammeln, überall diese Demonstranten«, klagt Paul Steinecke aus Bielefeld. Der ehemalige SS-Hauptsturmführer ist Geschäftsführer der »Truppenkameradschaft Totenkopf e. V.« (Jahresbeitrag: 15 Mark). »Arolsen«, so hatte er noch in der Einladung geschrieben, »ist dank der herzlichen Aufnahme durch Fürstenhaus, Stadtverwaltung und Bevölkerung uns allen, auch von Treffen der letzten Jahre, in bester Erinnerung.« Doch durch die massiven Gegendemonstrationen mußten nun ein öffentlicher Aufmarsch der SS-Leute und die »Heldenehrung am Krieger-Ehrenmal« abgesagt werden. Ex-SSler Gerhard Tammen, Wachmann im Axel-Springer-Verlagshaus in Hamburg, empfiehlt, das nächste »Totenkopf«-Treffen unter neutralem Namen zu veranstalten: »In Hamburg mieten wir die Räume für die Zusammenkünfte der alten Garde immer unter dem Namen ›Hansa-Fußbodenbelag‹ — da denkt sich keiner was Politisches, und es kommt auch nicht zu diesen jüdischen Demonstrationen.«

Im Foyer am Tresen der Garderobe hat die Kassiererin der »Totenkopf«-Kameradschaft, Frau Martl Funke, ihre Schätze ausgelegt: Es gibt schwarze Ärmelstreifen mit dem Schriftzug »Totenkopf« für zehn Mark, kleine Anstecknadeln mit dem SS-Totenkopf für drei Mark, eine mit einem Hakenkreuz verzierte Erinnerungskarte an die Schlacht bei Demjansk und Postkarten des SS-Obergruppenführers Theodor Eicke für je eine Mark. Ich kaufe eine Karte von dem Mann, dessen »Totenkopf«-Verbände zuerst die Konzentrationslager Hitlers bewachten. Eicke, Mörder von SA-Chef Röhm und erster KZ-Kommandant von Dachau, war der berüchtigte Gehilfe von Reichsführer-SS Heinrich Himmler und gilt als dessen »Inspekteur der Konzentrationslager« als der eigentliche Erfinder des bürokratischen KZ-Terrors.

Kaum war Eickes KZ-Garde Teil der Waffen-SS, machte sie wieder von sich reden: In der »Totenkopf«-Division kam es mit der Erschießung von 100 britischen Kriegsgefangenen zum ersten großen Kriegsverbrechen an der Westfront. Und im Ostfeldzug wird Eickes Elitetruppe die Ermordung von 20 000 russischen Zivilisten und Kriegsgefangenen in Charkow angelastet.

Am Tresen des Stadthallen-Restaurants treffe ich Rudolf Barth, den ehemaligen Divisionsrichter der SS-Einheit. »Es ist grober Unsinn, wenn behauptet wird, unsere Division hätte sich jemals etwas zuschulden kommen lassen«, sagt er. Karl Ulrich, Ex-SSler aus Salzburg, widerspricht: »Sie vergessen die Erschießung der Engländer durch unser 2. Regiment am 26. Mai 1940.« »Alles aufgebauscht«, murrt der SS-Richter und bestellt einen Jägermeister. Der Österreicher läßt nicht locker: »Aber wir können doch nicht so tun, als wäre im Dritten Reich alles in Ordnung gewesen. Wir müssen doch auch zugeben, daß es die Vernichtungslager tatsächlich gegeben hat.« Richter Barth bezahlt und geht wortlos.

Der »Kameradschaftsabend« beginnt. Geladene Gäste tauchen auf. Darunter Walter Schmidt, stellvertretender Landesvorsitzender der hessischen NPD. Auch SS-Rottenführer Günther Mund aus Salzgitter gibt sich mir als NPD-Mann zu erkennen. Als man von draußen wieder die Demonstranten hört, meint er: »Wenn jetzt unsere Ordnergruppe der Jungen Nationaldemokraten da wäre, dann würden da vor der Tür die Fetzen fliegen.« SS-Unterscharführer Kurt Mach aus Zweibrücken drückt mir eine Zeitung in die Hand, die enthüllt: »Es gab unter Hitler keine einzige Gaskammer!«, und Paul Trepto von der »Deutschen Volksunion« versorgt mich mit der neuesten Ausgabe der »National-Zeitung«, Überschrift: »Vergasungs-Schwindel entlarvt«.

Unter dem Transparent »Treue um Treue« nimmt eine Kapelle Aufstellung. Die fünf Männer spielen »Alte Kameraden«. Jedesmal gibt es Sonderapplaus für den Bandleader, wenn er den rechten Arm kurz zum Hitlergruß hochzucken läßt.

Die Festreden beginnen. »Kamerad Ploner« aus Österreich spricht: »Deutsche Männer und Frauen! Wir werden ein Leben lang stolz darauf sein, die Sig-Runen der SS getragen zu haben! Es liegt ein ewiger Glanz auf unserer Truppe!«

»Kamerad Wissebach«, CDU-Abgeordneter und Träger des Bundesverdienstkreuzes, spricht: »Wir kämpfen weiter für das, wovon wir einmal in unserer Jugend geträumt haben: für das vereinigte Europa!«

Und dann singen alle stehend das »SS-Treuelied«:
»Wir wollen unser Wort nicht brechen,
Nicht werden Buben gleich,
Wollen predigen und sprechen
Vom heiligen deutschen Reich!«

Helden-gedenktag

Richard Etzel aus Memmingen im Allgäu, Reichsvorsitzender des »Deutschen Blocks« und Bundesführer des »Jugendbundes Adler«, faßt mich am Arm und zieht mich zur Seite: »Wir müssen aufpassen. Manchmal kommen Leute zu uns, die gar nicht zu uns gehören.« Ich atme auf, er hält mich für einen der Seinen. Dann schreiten wir — voran eine Gruppe mit Fahnen und Kränzen — gemeinsam zur Gedenkstätte von Albert Leo Schlageter auf dem Kreuzberg bei Vechta im Oldenburger Land.

Auch Polizeihauptmeister Edel, von der nächstgelegenen Polizeidienststelle zu der angemeldeten Gedenkfeier abgeordnet, hat — wie Etzel — nichts an mir zu beanstanden. Entschuldigend meint er: »Ich bin rein dienstlich hier.«

Dann führt er mich in die Geschichte der Gedenkstätte ein: »Also gebaut hat das der ›Stahlhelm‹. Das weiß ich noch. Da war ja mehr los hier bei den Nazis. Die haben das hier immer ganz doll und pompös gefeiert. Mit Marschkolonnen, Fahnenwald und so.«

Der Freikorpskämpfer Albert Leo Schlageter, so habe ich nachgelesen, war Anführer eines jener braunen Guerilla-Trupps, die in der Weimarer Zeit mit Mordanschlägen und Bombenattentaten gegen die Republik und gegen die Besetzung des Rheinlands ankämpften. Die Franzosen erschossen den rechten Untergrundkämpfer standrechtlich. Im Dritten Reich wurde er als Nationalheld gefeiert.

Jetzt, in der zweiten deutschen Republik, werden wieder Feiern für den Nazi-Terroristen abgehalten: Am Schlageter-Felsen bei Kleinwendern im

129

Fichtelgebirge, am Schlageter-Gedenkstein in Northeim, an seinem Grab in Schönau/Schwarzwald und an der Schlageter-Gedenkstätte in Vechta, wo ich Richard Etzel kennenlerne.

Die Fahnenträger postieren sich vor den Findlingen der braunen Wallfahrtsstätte, Kränze werden niedergelegt. Sie sind »dem Kämpfer« und »dem Vorbild« Schlageter gewidmet. Der ehemalige Oberjungbannführer Richard Etzel stellt in einer Ansprache den Geehrten vor: »Als Wellen des bolschewistischen Ostens gegen die Grenzen des Reiches brandeten, und als tapfere deutsche Männer dann die ersten deutschen Freikorps gründeten, da war Albert Leo Schlageter dabei. Und als das Freikorps Mehden die Düna überschritt, gleichsam als Speerspitze des deutschen Widerstandes, da war das ein Stück Lebensrettung für Tausende deutscher Menschen. Deutsche Freiwilligen-Verbände kämpften überall an den inneren und äußeren Fronten des Reiches.«

Für Richard Etzel ist Deutschland wieder von innen und außen bedroht — wie schon zu Schlageters Zeiten. Deshalb gelte es, »dem auf das deutsche Volk zukommenden roten Terror in der Stunde der Not mit einer schlagkräftigen Organisation durch Nationalisierung der Massen zu begegnen.« Das Modell für die Rettung des Vaterlandes liefert Albert Leo Schlageter: »In Pflichterfüllung und Tapferkeit ist er Alten und Jungen Vorbild jetzt und in Zukunft.«

Gemäß dem Vorbild des rechten Untergrund-Aktivisten sucht Etzel jetzt für den erneuten Kampf um Deutschland »zur Mitarbeit entschlossene Einzelkämpfer«. Und von seinen braunen Partisanen fordert er: »Wir brauchen W e h r m ä n n e r , die bereit sind, nach dem Satz zu handeln: Wir sind zum Leben für Deutschland geboren und zum Sterben für Deutschland, wenn die Not dies fordert, bereit.«

Richard Etzel hat erkannt: »Lange Reden erziehen keine Kämpfer.« Deshalb gibt der Reichsführer kampfentschlossen den Befehl: »Endlich zum Angriff übergehen!«

Die Gedenkfeier für den Nazi-Terroristen aus der Weimarer Republik ist beendet. Die Fahnen senken sich, Richard Etzel tritt vor den Gedenkstein. »Weiter im Sinne Albert Leo Schlageters«, ruft er und hebt die Hand zum Schwur.

Etzel-Gefolgsmann und Schlageter-Fan Horst Promnitz erzählt mir, wie das Vorbild des rechten Rädelsführers in die Tat umgesetzt werden soll: »Die Jungen von heute sind die Kämpfer von morgen.« Er ist Vorsit-

Ein Nazi-Terrorist als Vorbild – Reichsvorsitzender Etzel mit Gerhard Kromschröder am Schlageter-Gedenkstein in Vechta bei Oldenburg

»Endlich zum Angriff übergehen« – Etzel schwört vor dem Schlageter-Stein

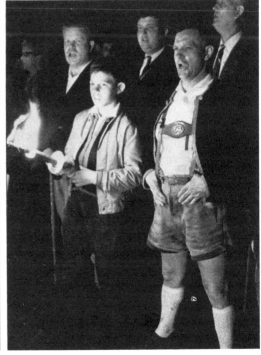

»Deutschland, wir kommen« – »Reichssonnenwendfeier« bei Detmold

zender der »Adler-Jugend« in Lübeck und will dort die Kinder »bewußt kämpferisch« erziehen. Denn: »Mit Absicht wählten wir als Symbol den angreifenden Adler, das Wappentier der großdeutschen Fallschirmjäger. Auch heute gilt es anzugreifen.«

Der 38jährige Versicherungskaufmann ist zugleich Vorsitzender des »Deutschen Blocks«. Sein Bruder Günter Promnitz, der dort das Amt eines »Organisationsleiters« betreut, berichtet mir unter dem Siegel der Verschwiegenheit, daß in Lübeck, wo Richard Etzel erst kürzlich im »Lübscher Adler« über »Widerstand gegen Versklavung« gesprochen hat, neue Kampfformen entwickelt werden:

»Wir haben jetzt in Lübeck seit einem Jahr einen Schützenverein, in dem nur Nationale drin sind — einige sind sogar eingeschriebene SPD-Mitglieder. Zur Zeit haben wir 60 Leute, die alle eifrig bei der Sache sind.« Besonders die jungen Leute hätten Spaß am Schießen.

Ingenieur Nowack aus Bad Schwartau, ebenfalls vom »Deutschen Block«, nickt zustimmend, dann sagt er mir fast entschuldigend: »Durch die Waffengesetzgebung sind wir offiziell gezwungen, zur Zeit nur Kleinkalibergewehre zu benutzen.«

Der »Stahlhelm — Bund der Frontsoldaten« ist da weniger zimperlich. Er hat bereits eine eigene »Schießordnung« herausgegeben. Titel: »Bestimmungen über das Sport-Schießen (mit Einbeziehung der Möglichkeit des traditionellen Schießens)«. Der zweite Vorsitzende hatte dazu erklärt, in seinem Militärverein werde nur das harmlose Sportschießen gepflegt. Scharfe, großkalibrige Waffen würden seine Anhänger »je nach den örtlichen Gegebenheiten« nur bei Schießübungen benutzen, die von der rechten Truppe »gemeinsam mit dem Bundeswehrverband durchgeführt werden«.

Die Fahnenträger rollen ihre Tücher ein, und zusammen mit Richard Etzel gehe ich durch den Wald zur Straße zurück. »Wir finden immer mehr Kämpfer für die nationale Sache«, sagt er zufrieden — »auch unter der Jugend.« Für den Abend lädt er mich zu einer »Reichssonnenwendfeier« in den Teutoburger Wald ein. »Dort werden Sie sehen, daß wir alles andere sind als ein lascher Haufen.«

Einige Stunden später am Hermannsdenkmal bei Detmold. Gleich bei meiner Ankunft zu dieser Heerschau der alten und neuen Nazis gibt mir ein Mädchen von der »Wiking-Jugend« einen Aufkleber. Der Text: »Deutschland, wir kommen! Kämpft mit uns für ein neues Reich!«

In der Zeitschrift des »Bundes Heimattreuer Jugend« (BHJ), die ich mir kaufe, lese ich, daß die Jung-Rechten in einem Lager bei einem »Schießwettkampf mit Luftgewehr und Kleinkaliber« bereits den Umgang mit Waffen trainieren. Ein »Judolehrgang« drillte sie dabei im Nahkampf. Bei sogenannten »Bergwanderungen« in Südtirol haben die BHJ-Nazis bereits mit Sprengstoff hantiert.

Jetzt wollen sie ihre Erfahrungen in die Tat umsetzen — vorerst im Ausland. In ihrem Vereinsblatt suchen die jungen Heimattreuen für ihren »Hilfscorps Arabien« — Vorbild Schlageter war Freikorpskämpfer — »ganze Kerle (bis 40 Jahre), die durch harten persönlichen Einsatz ... beim Wiederaufbau Arabiens und der Wahrnehmung berechtigter Interessen durch Taten helfen wollen.«

Wie die Schlageter-Bewunderer mit Taten ihre berechtigten Interessen wahrnehmen, erlebe ich an Ort und Stelle. Mit einem Kleinbus fahren sie in eine Gruppe von jungen Leuten, die gegen die rechte Versammlung demonstrieren. Es gibt die ersten Verletzten.

Ich werde der sogenannten Ordnertruppe zugeteilt. Wir sind gut hundert Mann, in Reih und Glied angetreten. Ich sehe Gummiknüppel, Latten und Stahlruten.

Im Laufschritt stürmt die Horde einen Hohlweg hinauf. Ich sehe, wie vereinzelt Kämpfer aus den Sturmreihen ausscheren und im Wald verschwinden. Dort brechen sie sich mangels eigener Schlagwerkzeuge Knüppel aus dem Unterholz.

Es geht gegen 50 Leute, die den Weg zu dem Waldstück blockieren, wo die Sonnenwendfeier stattfinden soll. Die Demonstranten verhalten sich passiv. Plötzlich sehen sie sich der heranstürmenden Neonazi-Hundertschaft gegenüber.

»Jetzt eine Haubitze ... «, ruft mein Nebenmann. Er greift unter seinen Parka. Dann schlägt er einem Mädchen mit voller Kraft einen Gummiknüppel über den Kopf.

Sie bricht zusammen. Schreie, Beschimpfungen, Gewimmer. Mit Fausthieben, Fußtritten und Stockschlägen werden Demonstranten von der Ordnertruppe krankenhausreif geschlagen — Albert Leo Schlageter hätte seine Freude an diesem Einsatz gehabt.

Die Verletzten sind abtransportiert, der Weg ist frei. Die siegreiche Schlägertruppe betritt die Stätte der Sonnenwendfeier. Fanfarenstöße, Trommelwirbel und Reden. Es spricht der ehemalige NS-Reichsredner

Dr. Robert Körber zur Jugend: »Der Kampf für heute ist zu Ende! Kameraden, bindet den Helm fester — Deutschland über alles!« Es spricht Dr. Rolf Kosiek von der NPD. Auch er ist Schlageter-Verehrer. In dem Nazi-Terroristen sieht er ein leuchtendes Beispiel: »Diese Vorbilder müssen der Jugend wiedergegeben werden.« Und es spricht der Hamburger Jurist Jürgen Rieger. Für ihn ist jener Student ein Held, »der Teile der Berliner Mauer in die Luft sprengte«.

Das Freuer ist niedergebrannt. Die Gruppen formieren sich, nehmen Aufstellung zum gemeinsamen Abmarsch. Und wieder marschiert einer im Geiste mit: der rechte Bombenleger Albert Leo Schlageter.

*

Nachtrag: Ein bei der Staatsanwaltschaft Detmold eingeleitetes Ermittlungsverfahren gegen die rechten Schläger wegen Körperverletzung, in dem auch Gerhard Kromschröder als unmittelbarer Zeuge aussagte, wurde eingestellt.

Flamme empor

Freitagabend

Morgen ist ein großer Tag. Und ich werde dabei sein. Nach kurzem Zögern drücke ich in der Straße »Hinter der Schönen Aussicht« in Frankfurt beim Haus Nr. 5 den Klingelknopf neben dem grünen Plastikprägeschild mit der Aufschrift »NPD«. Die Tür öffnet sich automatisch. Das Flurlicht geht an, von oben eingeschaltet.

Im ersten Stock des Mehrfamilienhauses treffe ich zwei junge Männer in Lederjacken. Einer von ihnen trägt Fallschirmjäger-Stiefel und zum Schwarzhemd eine Koppelschnalle mit SS-Totenkopf. Der andere sieht ziviler aus in seiner Wildlederjacke und den hellen Tuchhosen.

Sie sind gerade damit beschäftigt, NPD-Transparente zusammenzuzimmern für die für morgen geplante Kundgebung am Niederwalddenkmal bei Rüdesheim am Rhein zum Jahrestag des Mauer-Baus in Berlin. Es wird eine Demonstration für Großdeutschland werden, wie ich der auf dem Kundgebungs-Aufruf abgebildeten Karte Deutschlands in den Grenzen von 1939 entnehmen kann: Da gehört die DDR zu uns, und Teile der CSSR, Polens und der Sowjetunion sind ebenfalls deutsch.

Ich sage: »Mein Name ist Gerhard Kromschröder, und ich möchte mehr über die NPD erfahren, als in den Zeitungen steht.« Lothar Lauck, bärtiger Landesvorsitzender der »Jungen Nationaldemokraten«, mustert mich skeptisch. Er ist der Zivilere der beiden. Ich trage mein graues Bundeswehrhemd und schwarze Wrangler-Cordjeans. Laucks Prüfung scheint positiv ausgefallen zu sein. Er sagt: »Da haben Sie aber Glück, daß Sie uns heute überhaupt noch antreffen.« — Ich: »Ja, wenn man so will.«

135

Wir verabreden uns für den nächsten Tag, um gemeinsam von Frankfurt aus zum Rhein zur nächtlichen Kundgebung zu fahren. Lauck: »Es geht aber schon am Nachmittag los, weil wir noch die ganzen Sachen aufbauen müssen. Dabei können Sie uns ja helfen. Bringen Sie Ihren Schlafsack mit, wenn Sie dort mit uns übernachten wollen.« — Ich will.

Zum Abschied versorgt mich Lauck gleich packenweise mit Propagandamaterial der NPD: »Vielleicht erfahren Sie da mehr über uns.« Und da lese ich dann zum Beispiel im »Pfeil«, der Zeitung der Jungen Nationaldemokraten: »Weg mit den alten System-Parteien — hin zu einer neuen Bewegung!«

Samstagnachmittag

Ich melde mich am nächsten Tag verabredungsgemäß im NPD-Parteibüro und werde dem Materialwagen zugeteilt. Ich habe meinen Schlafsack in einem Ford-Transit verstaut, der mit NPD-Parolen (»Umdenken — umschwenken — NPD wählen«) beklebt ist. Jetzt gibt es so schnell kein Zurück mehr.

Gespräche vor der Abfahrt: Junge Nationaldemokraten unterhalten sich. Der 16jährige Peter aus Darmstadt sieht bei meinem Mitfahrer Bernd, daß aus seinem kleinen ledernen Herrentäschchen ein schwarzer Dolchgriff herausragt. Peter zieht ihn heraus, prüft ihn mit Kennerblick. Verächtlich weist er auf die in den Griffschalen eingelassene dreiblättrige Lilie hin: »Ooch, das ist ja nur ein Pfadfinder-Messer.« Und herablassend sagt er zu Bernd: »Ich habe zu Hause aber einen echten HJ-Dolch mit Hakenkreuz.«

Bernd verteidigt sich hastig: »Einen Hitlerjugend-Dolch hab' ich auch. Ist aber nicht gut, wenn wir gefilzt werden.« Er nimmt Peter das Messer aus der Hand. Dann setzt er, in seiner Verteidigung fortfahrend, hinzu: »Keine Angst, wir werden auch so mit den linken Gegendemonstranten fertig.« Und steckt den Dolch in sein Täschchen mit dem NPD-Aufkleber »Zerschlagt den Kommunismus« zurück.

Alle Stangen, Transparente, Fackeln und Propagandaschriften sind in unserem Wagen verstaut. Die Türen schließen sich, es kann losgehen. Unser Konvoi setzt sich in Richtung Rhein in Bewegung. Vorneweg Landesvorsitzender Lauck in seinem gelben Ford-Capri. Auf seinem Dachgepäckträger hat er eine Lautsprecheranlage montiert. Dahinter ein Opel-Kapitän mit dem verschlüsselten CB-Funkkennzeichen NATI (wohl weil das NAZI, das eigentlich gemeint ist, doch etwas zu auffällig wäre). Wir im Ford-Transit bilden nach sieben weiteren Autos das Schlußlicht.

Von Frankfurt kommend, verlassen wir die Autobahn hinter Wiesbaden. Vor uns liegt der Rhein, der deutsche Strom, in der schönsten Augustsonne. Kurze Lagebesprechung nach der Ausfahrt. Propaganda-Durchsagen in allen vor uns liegenden Orten, wird vereinbart. Und so tönt es denn auf der Weiterfahrt nach Rüdesheim immer wieder aus unserem Wagen: »Hier spricht die NPD! Heute veranstalten die Jungen Nationaldemokraten um 22 Uhr in Rüdesheim eine Kundgebung am Niederwalddenkmal. Treffpunkt: 21 Uhr am Feldtor.«

Das ist zu lasch, finde ich, schon ganz Teil des nationalen Trecks. Ich kann mir den Vorschlag nicht verkneifen, in der Durchsage doch auch den Zweck der Veranstaltung zu nennen — zu sagen, daß es eine Demonstration für Großdeutschland sein soll. Wenn man die Leute überzeugen wolle, höre ich mich argumentieren, müßten die doch auch wissen, worum es gehe. Doch mit meinem Vorschlag, dem Text der Durchsage eine größere agitatorische Prägnanz zu geben, komme ich nicht durch. — Muß ja auch nicht unbedingt sein.

Unterwegs, beim Bremsen, rutscht unter meinem Sitz ein Schild hervor. »Vorsicht, Rassehunde«, steht darauf. Der Besitzer des Wagens ist Rassehundezüchter. Ich nehme das Schild hoch und halte es ins Fenster: »Hier kommt die rassische Elite Deutschlands«. Petra, die neben mir sitzt, etwas beleidigt über die Ironie: »Na, wie ein Judd' sieht ja keiner von uns aus!«

Bei Eltville überholt uns laut hupend ein Wagen mit NPD-Abzeichen und dem Aufkleber »Solidarität mit Weiß-Afrika«, und mir fällt wieder ein, was ich am Vorabend im Gedicht »Naturgesetz Apartheid« in der rechtsradikalen Monatszeitschrift »Nation Europa« gelesen hatte, die mir im NPD-Büro in die Hand gedrückt worden war:

»Vermantschung zieht die Menschen nieder.
Zumal der Natur zuwider.
Drum sollte man die Menschenrassen
Auch ungekreuzt bestehen lassen«.

Als wir in Rüdesheim ankommen, werden wir bereits von der Polizei erwartet. Uniformierte winken uns auf einen abgesperrten Parkplatz am vereinbarten Treffpunkt. Zivile fotografieren uns beim Aussteigen. Mich irritiert es, auf diese Weise als Neonazi Einzug in die Akten des Verfassungsschutzes zu halten. Ich bin versucht, mir die Hand vors Gesicht zu halten. Petra hat meine Unsicherheit bemerkt und sagt beruhigend: »Das ist ihr Dienst, das müssen die halt machen, auch wenn sie anders denken. Etliche von ihnen kenne ich. Die meisten sind Rechte — selbst im roten Hessen.«

Samstagnachmittag

Noch drei Stunden bis zum nächtlichen Fackelzug. Inzwischen sind gut 20 Wagen mit NPD-Leuten eingetroffen. Wir unterhalten uns, wie die Kundgebung am wirkungsvollsten zu gestalten ist. Der Landesvorsitzende Lauck kommt auf mich zu. »Mir ist da etwas an Ihnen aufgefallen«, sagt er, und ich zucke zusammen. »Mir ist aufgefallen, daß Sie von solchen Sachen scheinbar eine Ahnung haben. Wollen Sie mir helfen, unsere Sachen oben am Niederwalddenkmal aufzubauen?« — Was bleibt mir anderes übrig.

Lauck und ich fahren als Vorhut mit dem vollbeladenen Gerätewagen zum Niederwalddenkmal hoch. Da stehen wir nun am Fuße der drohend dem Erbfeind Frankreich entgegengereckten pompös-nationalistischen Germania und packen unsere Utensilien aus. Am Sockel stellen wir auf meinen Vorschlag in fünf Meter Abstand abwechselnd ein Transparent »Nachdenken — umschwenken — NPD wählen« und ein Transparent »Deutschland ist größer als die Bundesrepublik« auf, jedes insgesamt sechsmal.

Das Rednerpult will Lauck seitlich an einer, wie ich meine, zu niedrigen und zu peripheren Stelle installieren. Ich erkläre ihm das Prinzip der Zentralperspektive, und wir stellen das Pult schließlich einige Stufen höher — in die Mitte des Denkmalssockels. Wir legen für die Demonstration am Abend die effektvollsten Standorte für Fahnenträger, Trommler, Fanfarenbläser, Begleitkommando und Fackelträger fest. Aber was geht mich das eigentlich an? Ich bemerke, wie ich den Inhalt der geplanten Darbietung verdränge. Ich merke, wie sich mein Interesse darauf reduziert, mit meinen Erfahrungen zu einer möglichst guten künstlerischen Inszenierung beizutragen, und ich komme mir dabei ein bissel vor wie Albert Speer bei der Konzeption seiner nächtlichen Lichtdome auf dem Reichsparteitagsgelände in Nürnberg. So schnell geht es, dazuzugehören, denke ich erschrocken.

Lothar Lauck und ich fahren wieder nach unten. Wir genehmigen uns nach der Arbeit in einer Gartenwirtschaft neben dem Abmarschplatz eine Flasche Rüdesheimer Weißwein. Wenig später, die Flasche ist fast noch

»Jetzt einen Roten hier, und ihm dann ganz langsam die brennende Fackel in den Arsch schieben« - Abmarsch zum Fackelzug in Rüdesheim am Rhein

»Kein falsches Mitleid tut uns beschleichen bei dieser und bei ferneren Leichen« - nächtliche nationale Feierstunde am Niederwald-Denkmal

»Wenn gesagt wird, über den Nationalsozialismus sei nichts Positives zu sagen, so ist das eine Aufforderung zur Lüge« - junge NPD-Demonstranten

»Plitsch-platsch, schon ist das Gesicht zu Matsch« - Teilnehmer der NPD-Kundgebung prügeln mit Fahnenstangen auf Gegendemonstranten ein

»Treffen auf der Intensivstation« – ein Fotograf ist durch den Stein eines NPD-Mannes verletzt worden, Polizisten leisten Erste Hilfe

voll, taucht ein blauer VW-Bus mit Bochumer Kennzeichen vor unserem Lokal auf. Ihm entsteigen acht Jugendliche im Alter zwischen 15 und 20 Jahren. Die Führung hat ein ehemaliger Bundeswehr-Fallschirmjäger. Sie packen Landsknechtstrommeln und Fanfaren mit dem Zeichen der »Jungen Nationaldemokraten« aus. Sie recken den rechten Arm zum Gruß der »Aktion Widerstand« hoch (drei zu einem W hochgespreizte Finger) und dringen lärmend in unsere vorübergehende Rüdesheimer Weinidylle ein. Die Neuankömmlinge sind die Mitglieder des Fanfarenzugs »Albert Leo Schlageter«, traditionsbewußt benannt nach einem während der Saarbesetzung erschossenen nationalen Terroristen, der im Dritten Reich zum nationalsozialistischen Vorbild hochstilisiert wurde.

Wie ich den einschlägigen Veröffentlichungen entnehmen kann, treten die Schlageter-Musikanten nicht nur auf der neuesten NPD-Schallplatte auf. Sie spielen auch bei allen nationalen Veranstaltungen, um für die rechte Stimmung zu sorgen. Das machen sie auch jetzt, und sie besingen zur Gitarre die »nationale Solidarität«. »Ja, das sind unsere nationalen Aktivisten«, sagt mein Tischnachbar bewundernd.

Als sie schließlich mit ihren Instrumenten Aufstellung genommen haben und einen dieser unerträglich zackigen Märsche intonieren, sind wir plötzlich von gut zwei Dutzend Polizisten in Uniform und Zivil umringt. Sie nehmen alle Mitglieder des Fanfarenchors fest, weil sie die gleichen Hemden mit roten NPD-Abzeichen tragen — wegen »Verstoßes gegen das Uniformverbot«.

Ein Polizist packt auch mich, läßt aber wieder von mir ab, als ein Kollege sagt: »Das ist doch ein Bundeswehrhemd, das der anhat.«

Samstagabend

Es ist stockfinster inzwischen. Noch sind nicht alle Festgenommenen von der Wache zurück, aber jetzt noch zu warten, würde den Abmarsch des Fackelzugs zu lange verzögern.

Ich überlege, wie man das alles beschreiben könnte, was ich hier sehe, ohne Klischees zu benutzen. Diese langen, bedrohlich wirkenden Schlagschatten auf dem Kopfsteinpflaster, die hochgereckten roten Fahnen mit dem Aufdruck »NPD« und den Runen-Zeichen, die schwarz-rot-goldenen und die deutschnationalen schwarz-weiß-roten Flaggen vor dem dunklen Nachthimmel, dieses gespenstische Licht, in das die unruhig brennenden Fackeln die ganze Szene tauchen.

Der Zug ordnet sich, setzt sich in Bewegung, dieses merkwürdige Konglomerat aus NDP-Leuten in ihren unauffällig grauen Straßenanzügen, Mädchen vom Bund Heimattreuer Jugend, properen jungen Nationaldemokraten, alten Loden-Nazis, rassistischen Freunden Weiß-Afrikas, dem BdM-Alter längst entwachsenen weißhaarigen Damen, ältlichen völkischen Pfadfindern in kurzen Hosen und pubertären Uniform-Freaks in Leder. Durch die Weinberge ziehen wir zum Denkmal der Germania oberhalb von Rüdesheim.

Bei unserem Marsch in Dreierreihen werden über Megaphon die Parolen ausgegeben, die dann gemeinsam skandiert werden und über das Rheintal hallen: »Hohe Mieten, Inflation, die Schande der Nation«, »Weg mit der SBZ, in Deutschland kein KZ«, »Macht den Volksverrätern Dampf, nationaler Freiheitskampf«. Das Tempo des Zuges verlangsamt sich zunehmend. Den steilansteigenden Weg hochkraxeln und dabei noch brüllen, macht schon etwas atemlos.

Mein Nachbar zur Linken, ein kaufmännischer Lehrling aus Koblenz, zieht eine Ausgabe der Zeitschrift »NS-Reichsruf« aus der Tasche seines Parka. Er liest mir mit einer Art Stolz im Fackelschein den folgenden Text vor: »Ein Judensöldling war der Buback Siegfried! Drum sind wir ehrlich bei seinem hiesigen Abschied. Kein falsches Mitleid tut uns beschleichen, bei dieser und bei ferneren Leichen.« Er blickt im Gehen auf. »Das war ja ein Jude, weißt Du«, sagt er zu mir.

Bevor ich etwas dazu sagen kann, meldet sich unvermittelt Michael zu Wort, der rechts von mir marschiert. Ich habe ihn bei der Abfahrt in Frankfurt als stillen Jungen kennengelernt. Ohne Zusammenhang mit unserem bisherigen Gespräch bricht es unvermittelt aus ihm heraus: »Jetzt einen Roten hier, und ihm ganz langsam die brennende Fackel in den Arsch schieben!« Er stößt dabei seine Fackel abrupt nach vorn. Die anderen, die mitmarschieren und diese Bemerkung gehört haben, finden Michaels Anal-Fantasien unheimlich lustig. Sie können sich vor Lachen kaum einkriegen. Sie machen Ergänzungsvorschläge: »Und dann Spiritus draufgießen«, »Noch'n schönes Monogramm in die roten Arschbacken brennen.«

Wir sind oben, über eine Stunde hat der Fackelzug gedauert. Die Fackel- und Fahnenträger haben wie vereinbart am Fuße des Germania-Denkmals Aufstellung genommen. Sie verwandeln das zum Glück nur noch touristische Ziel in eine makabre deutsche Kultstätte. Als Hauptredner der großdeutschen Feierstunde wird der »prominente Schriftsteller Meier-Dorn«

143

angekündigt, ein alter Nazi-Aktivist. Er hat es mit der verfälschten Darstellung von Deutschlands großer Vergangenheit: »Wenn in deutschen Lehrplänen unserer Zeit gesagt wird, über den Nationalsozialismus sei nichts Positives zu sagen, so ist dies eine Aufforderung zur Lüge!« Und er hat es mit den Juden. Er braucht nur so eindeutige Namen wie »Levi« zu erwähnen — und das tut er zur Genüge —, damit Bewegung durch die aufgeladene Menge geht. Er weiß: »Die Juden wollen das deutsche Volk versklaven.« Nach dem aus früheren, undemokratischen Zeiten vertrauten Ruf »Deutschland wird leben, und wenn wir sterben müssen«, wird zum Abschluß der Feierstunde die Nationalhymne gesungen — wie sie die NPD-Leute verstehen: »Deutschland, Deutschland über alles, über alles in der Welt... von der Maas bis an die Memel, von der Etsch bis an den Belt.«

Auf dem Rückweg durch die Weinberge nach Rüdesheim im Tal treffe ich Michael wieder, den Jungen, der nichts lieber täte, als einem Kommunisten eine Fackel hinten reinzuschieben. Am Niederwald-Denkmal, das hat ihn alles unheimlich angemacht.

»Wenn ich jetzt einen Kommunisten treffe, den bringe ich um«, meint er aufgeregt und boxt auf einen imaginären Gegner ein.

Ein ungefähr 40 Jahre alter Mann in einer Wildlederjacke, der mit uns geht, meint: »Da laß Dir mal Zeit für morgen bei der Demonstration in Frankfurt.« Er hat seinen zwölf Jahre alten Sohn mitgenommen. Aber der hat sich von uns abgesetzt und geht etliche Meter vor uns. Der Vater schüttet mir sein Herz über den Jungen aus: »Wenn ich ihm sage, wir brauchen die Gastarbeiter nicht, meint er doch tatsächlich, wir bräuchten doch nur alle halb so viel zu arbeiten und hätten dann doch alle immer noch genug. Der Junge weiß halt noch nicht, daß diese Kanaken die ganze Hand nehmen, wenn man ihnen nur den kleinen Finger gibt«.

Es macht mir Hoffnung, daß die Söhne von Nazis nicht unbedingt Nazis werden müssen.

Samstagnacht

Von Rüdesheim sind wir nach Mitternacht mit dem Wagen zum »Ponyhof« gefahren, wo sich nach den Worten des Landesvorsitzenden Lauck »alle zuverlässigen Kameraden am Lagerfeuer« versammeln werden. Vonwegen Fahrtenromantik: Es gibt vorgekochte Bohnensuppe, aus einem Thermosbehälter auf Plastiktellern verteilt, Coca-Cola aus Dosen und Flaschenbier. Wir, die übriggebliebenen 20 Leute, haben uns an den Resopaltischen vor der Campinggaststätte verteilt.

An einem der Nebentische haben die inzwischen wieder alle aus Polizeigewahrsam entlassenen Jungens vom Fanfarenzug »Albert Leo Schlageter« eingefunden. Sie besprechen, wie ich hören kann, ihren nicht nur musikalisch zu verstehenden Einsatz bei der Demonstration morgen in Frankfurt. Ihr Führer, der Ex-Fallschirmjäger, gibt genaue Anweisungen. »Ein Schlag, und die rote Fresse ist rot«, höre ich. An einem anderen Tisch geht es wieder mal um die Juden. Es fällt das Reizwort »Judenfriedhof«. Ich kann mich nur unvollkommen auf dieses Gespräch konzentrieren, weil sich nun ein ungefähr 45 Jahre alter Mann an meinen Tisch setzt, ich höre aber, daß drüben einer sagt: »Was wollen wir denn da? Da befinden die sich doch in einem Zustand, den wir nur begrüßen können.« Lachen klingt zu mir herüber.

Mein neues Visavis stellt sich ziemlich formell vor. Er teilt mir mit, daß er ein ganz besonderes Faible für Schäferhunde hat: »Ich habe vier davon — allesamt ganz scharf —, aber Freunden tun sie nichts.« Er ist der Besitzer des Ford-Transit, in dem ich auf der Hinfahrt das »Rassehunde«-Schild gefunden habe. Er fixiert mich: »Seit wann sind Sie denn eigentlich dabei?« Meine Mitteilung, ich hätte erst seit dem Vorabend direkten Kontakt zur NPD, veranlaßt ihn, mich genauer zu examinieren. Er fragt nach meinem Namen. »Krammschröder«, fragt er. Das ist ihm zu kompliziert. Erst muß ich den Namen buchstabieren, dann läßt er ihn sich von mir auf eine »Lord-Extra«-Packung schreiben, die er sich in die Tasche steckt.

Er fragt mich: »Haben Sie auch das Programm der NPD gelesen?« Ich: »Ja, allerdings, das kenne ich genau.« Er: »Und was halten Sie davon?« Ich, ausweichend: »Dazu ist ja wohl nichts zu sagen, das ist ja eindeutig genug.« Er will mehr über mich wissen. In diesem Moment wird unser Gespräch von einem jungen Mann unterbrochen. Er trägt eine aus 9-mm-Pistolenmunition zusammengesetzte Halskette. Er will von meinem neugierigen Gesprächspartner wissen, ob die NPD dem Wirt die Gesamtrechnung bezahlt. Ich nutze die Gelegenheit, dem weiteren Verhör zu entgehen. Ich sage, ich müsse jetzt mal ganz dringend um die Ecke.

Später, gegen drei Uhr, treffen wir uns jedoch wieder, mein Vernehmer und ich. Da nicht genug Zelte da sind, sollen der Skeptiker und ich gemeinsam im Ford-Transit, dem Gerätewagen, übernachten. Dank diverser Flaschen Bier, die er inzwischen hinter sich gebracht hat, erkennt er mich nicht wieder. Zu meiner Verblüffung sagt er sogar zu mir: »Der eine da, mit dem ich am Tisch gesessen habe, ist nicht sauber.« Ich beruhige ihn, und er schläft schließlich auf der vorderen Sitzbank ein. Ich suche mir hinten auf der Ladefläche einen Platz zwischen den NPD-Transparenten. Ich krieche in meinen Schlafsack und verbringe eine unruhige Nacht.

Sonntag

Wir sind gemeinsam nach Frankfurt zurückgefahren. Im »Kameradschaftsraum« der NPD-Zentrale in der Straße »Hinter der Schönen Aussicht« gibt es Wurststullen, mit Cola oder Kaffee. Ich merke, daß ich mächtigen Hunger habe.

Gestern, am Niederwalddenkmal, das war nur die emotionale Einstimmung. Heute ist der eigentliche Kampftag. Heute soll in Frankfurt die direkte Konfrontation mit dem Gegner erfolgen. Da sollen die Fetzen erst richtig fliegen. Die Demonstration darf wegen der Vorfälle vor einem Monat, bei der NPD-Demonstration am 17. Juni, laut Gerichtsbeschluß nicht in der Innenstadt stattfinden. Es war zu schweren Straßenschlachten zwischen NPD-Leuten und Gegendemonstranten gekommen. Jetzt dürfen sich die Nationaldemokraten nicht mehr auf dem Frankfurter Römerberg versammeln, sie sind ins Nordend verbannt. Die Vorbereitungen für die Kundgebung auf dem Friedberger Platz laufen auf Hochtouren. Unentwegt klingelt nebenan das Telefon im Büro des NPD-Kreisvorsitzenden Erich Gutjahr. Ich erfahre, daß an allen Autobahnraststätten um Frankfurt NPD-Leute die auswärtigen Kundgebungsteilnehmer empfangen und ihnen vor der Weiterfahrt Instruktionspapiere und Stadtpläne übergeben.

Besonders sehnsüchtig erwartet werden von den Mitgliedern des Fanfarenzuges »Albert Leo Schlageter«, mit denen ich mich vor dem Parteihaus unterhalte, die Kameraden aus Oldenburg, weil die, wie ich höre, nach der Devise handeln: »Schlagt die Roten grün und blau!« Die »Albert-Leo-Schlageter«-Truppe kann die Konfrontation mit den antifaschistischen Gegendemonstranten kaum erwarten. Sie haben schwere Integralhelme mit dem Aufkleber »Zerschlagt den Kommunismus« — der in diesem Zusammenhang einen besonders direkten Sinn bekommt — aus ihrem Bus geholt und demonstrativ auf dem Kühler eines Opel Kapitän vor der NPD-Zentrale ausgelegt. Sie ziehen zur Probe ihre schwarzen Lederjacken und Handschuhe an. Sie ziehen sich auch Tücher vors Gesicht, die sie später unkenntlich machen sollen. Und sie prüfen die Stärke der ein Meter langen Stangen, die jetzt aus dem Haus getragen werden. »Soll die Polizei nur kommen, das sind Fahnenstangen — klar«, sagt einer der Albert-Leo-Schlageter-Chorknaben und verstaut einen der Stöcke im Wagen. Franz, Mechaniker aus Bochum, schlägt erwartungsfroh die zur Faust geballte Rechte in die geöffnete linke Hand und reimt: »Wumm, und schon ist die Nase krumm.« Sein Kollege Michael schlägt dazu auf der Trommel, wie er lachend bemerkt, den »Trommelwirbel eines Erschießungskommandos der deutschen Wehrmacht«. Alle sind frohgestimmt.

Stolz erzählen sie mir, wie sie im Ruhrgebiet »Kommunisten klatschen«. Damit würden sie in der Zeit der Arbeitslosigkeit für »Vollbeschäftigung in unseren Krankenhäusern« sorgen. Der musikalische Michael dazu im Singsang: »Wir tränken unsere Fahnen im Blut der DKP ... tralalala.« Und — scheinbar unausweichlich — geht es auch in unserem Gespräch wieder um die Juden. »Ich hab' bei mir im Keller ein schönes Kachelbad«, meint Franz in Anspielung auf Auschwitz. Ein anderer aus dem Albert-Leo-Schlageter-Schlägertrupp will ihn noch übertrumpfen: »Und ich habe zu Hause noch einen dieser schön bezogenen Lampenschirme.« KZ-Aufseherin Ilse Koch hätte ihre helle Freude an ihrem Nachwuchs.

Inzwischen ist mein Verhörspezialist, der am Vorabend seine Aufgabe nicht ganz erfüllt hat, aufgetaucht — wieder nüchtern. Er geht in die Parteizentrale. Ich sehe, wie jemand von oben aus dem NPD-Büro auf mich zeigt, während ich mich mit Franz und seinen Freunden unterhalte. »Wir werden schon dafür sorgen«, sagt mir der Franz, »daß es heute ein schönes Kommunistentreffen gibt — in der Intensivstation.« Ich bemerke, daß jemand oben eine Kamera zückt und mich aus dem Fenster bei meinem Gespräch auf der Straße fotografiert. Wir haben die Rollen vertauscht. Jetzt bin ich nicht mehr der Beobachter, sondern der Beobachtete.

Schlageter-Franz fragt mich, wem ich denn für die Demonstration zugeteilt sei. Ich berichte ihm wahrheitsgemäß, daß ich nach meinen Verdiensten von gestern abend wieder zum Ausstattungs-Team gehöre. Meine Aufgabe sei es, im Nordend, am Friedberger Platz, ein Rednerpult sowie die Transparente möglichst wirkungsvoll aufzustellen. »Dann weißt Du ja, was Du zu tun hast«, meint Franz. Ich weiß es, nehme nach der offensichtlichen Observierung von oben meinen Schlafsack und setze mich ab, um mir das NPD-Treiben nur noch aus der Ferne anzusehen.

Am Friedeberger Platz habe ich wieder einen mir geläufigeren Standpunkt eingenommen: Im Pulk der Journalisten stehe ich im neutralen Gebiet zwischen NPD-Leuten und Gegendemonstranten und unterhalte mich mit einem Kollegen vom Funk. Franz geht vorbei und sagt zu uns: »Plitsch-platsch, schon ist das Gesicht zu Matsch.« Der Funk-Kollege, ein in allen Dingen belesener Mann, meint, das sei doch der reine Verbalradikalismus. Außerdem habe die Polizei die Sache voll im Griff. — Ich glaube ihm, und wir gehen beruhigt nach Hause.

Montagmorgen

Der Kollege vom Funk hat mir einen ungelenk auf grauen Karton gedruckten Agitationszettel übergeben, den er gestern noch bei der NPD-Demonstration gefunden hat: Auf der Vorderseite ist der Text »Wählt Juden — CDU, SPD«, mit einem Davidsstern illustriert, in den ein Dollarzeichen einmontiert ist. Auf der Rückseite ist der Judenstern mit dem Eindruck »DGB« versehen. »Pubertäre Spinnerei«, sagt er mir.

Ich schlage beim Frühstück die »Frankfurter Rundschau« auf. Ich sehe ein Bild, auf dem einige NPD-Leute mit sogenannten Fahnenstangen auf Gegendemonstranten einprügeln. Ich erkenne darauf etliche mir seit kurzem bekannte Gesichter — es ist Franz vom Fanfarenchor »Albert Leo Schlageter« mit seinen Freunden aus dem Ruhrgebiet. Ich sehe Knüppel, einer hat einen großen Schraubenzieher in der Hand. Ich lese, daß bei den Auseinandersetzungen auch Pflastersteine von den NPD-Anhängern geworfen wurden. Einer hat einen Fotoreporter schwer am Kopf verletzt.

Mir fällt wieder Franz' Wort vom »Treffen in der Intensivstation« ein. — Einen zumindest haben sie schon dorthin gebracht.

Er dürfte nicht der letzte sein.

Ku-Klux-Klan West Germany

Im Aufnahmeantrag des »Ku-Klux-Klan West Germany« habe ich versichert, daß ich »eine weiße Person nichtjüdischer Abstammung« bin. Gleichzeitig mußte ich »schwören, daß ich alle Informationen, die ich im Zusammenhang mit meiner Mitgliedschaft erhalte, geheimhalten werde«. Das Eides-Formular habe ich mit einer »einmaligen Aufnahmegebühr von 30 Mark« an ein Postfach in der Eifel geschickt. Jetzt bin ich zu einem ersten persönlichen Gespräch mit Vertretern des Ku-Klux-Klan nach Wiesbaden bestellt. Es wird ein Verhör.

Wir sitzen im linken Szenen-Lokal «Bumerang«, einem länglichen Raum mit schummrigem Licht. An den Holztischen junge Leute mit Bärten, Frauen in lila Latzhosen. Die Musik-Box dröhnt. Elton John singt »Pinball Wizard«, dann kommen die Beatles mit »The Fool on the Hill«. Rechts von mir sitzt ein Schüler, der sich als Berndt Schäfer vorstellt. Ein junges, offenes Gesicht, das sich anstrengt, entschlossen zu wirken. Der 18jährige leitet das »Informationsbüro für den Ku-Klux-Klan in Deutschland«.

Er hat Anzeigen im »Dom«, dem offiziellen »Sonntagsblatt für das Erzbistum Paderborn«, und in rechtsradikalen Blättern wie »Die Bauernschaft« und »Gäck« aufgegeben.

»Hier unter den Langhaarigen«, sagt Schäfer, »vermutet uns der Verfassungsschutz am wenigsten, und außerdem ist es hier viel unterhaltsamer als in einer stupiden Eckkneipe mit Dieter-Thomas-Heck-Musik.« Er lächelt, hebt sein Glas »Guinness« und prostet mir zu.

149

Hans Joachim »Percy« Vogel, ein ungefähr 40 Jahre alter Mann mit schwarzen Locken links von mir, bleibt zurückhaltend. »Wir müssen erst wissen, mit wem wir es zu tun haben«, weist er den zutraulichen Schäfer zurecht. Dann fragt er mich: »Was weißt du vom Klan?« Ich erzähle, was ich mir angelesen habe:

Der Ku-Klux-Klan ist eine 1865 gegründete Kampforganisation, in der die Veteranen der im amerikanischen Bürgerkrieg unterlegenen Südstaaten-Armee gegen die befreiten Negersklaven kämpften. Unter dem brennenden Kreuz, dem Symbol des Klans, wurden Tausende von Negern geteert, gefedert, kastriert und erhängt.

In den letzten Jahren hat der Ku-Klux-Klan, der in den Südstaaten der USA inzwischen wieder geheime Ausbildungslager für den bewaffneten Kampf unterhält, zahlreiche neue Anhänger gefunden. Nach Berechnungen der »Anti-Diffamierungs-Liga« in New York hat der Klan in den letzten fünf Jahren seine Mitgliedszahlen von 2000 auf 10 000 erhöht.

»Schön und gut«, murrt Percy nach meinem Vortrag. »Aber eines mußt du von vornherein wissen: Unsere Feinde sind nicht nur die Nigger. Gemeinsam mit den amerikanischen Kameraden kämpfen wir deutschen Patrioten gegen alles Fremdrassige. Gegen Russen, Türken und die ganzen Kanaken, die unser Land überfluten — und wie schon Adolf Hitler gegen das Weltjudentum, das hinter der systematischen Überfremdung Deutschlands steckt.«

Im NS-»Schulungsbrief«, einer in Amerika gedruckten Nazi-Schrift, die ich später in die Hand gedrückt bekomme, lese ich unter der Überschrift »Das Wollen der Krummnasen«:

»Juden waren und sind es, die den Neger an den Rhein bringen, immer mit dem gleichen Hintergedanken und Ziel, durch die dadurch eintretende Bastardisierung die ihnen verhaßte weiße Rasse zu zerstören, von ihrer kulturellen und politischen Höhe zu stürzen, um selber Herr über alles zu werden.«

Percy examiniert mich weiter, prüft mich auf Herz und Nieren. Wer ist Dr. Gerhard Frey? Wer hat das Buch »Die Auschwitz-Lüge« geschrieben? Wann wurde das Deutsche Reich gegründet? Warum wurde die Wehrsportgruppe Hoffmann verboten? Wo ist der Sitz der NSDAP/AO? Wann erzielte die NPD ihre größten Wahlsiege? Welche Ziele verfolgt die »Wiking-Jugend«? Wie lautet die erste Strophe des Horst-Wessel-Liedes? Ich sage, was ich weiß. Meine Antworten scheinen zufriedenstellend.

Schließlich will Percy von mir wissen: »Wer ist der größte deutsche Politiker?« Er will Adolf Hitler hören. Ich kontere mit einer Gegenfrage: »Welcher Jahrestag ist heute?« Percy überlegt, weiß keine Antwort, paßt. »Heute ist der Jahrestag der Machtergreifung Hitlers«, sage ich. Percy ist beeindruckt. Er klopft mir anerkennend auf die Schulter. »Hiermit lade ich dich zum 20. April zur Feier von Führers Geburtstag in meine Wohnung ein.« Ich habe die Prüfung bestanden und bin nun eines der fast tausend Ku-Klux-Klan-Mitglieder in Deutschland.

Percy bestellt zu meinem Einstand drei große Bier. »Jetzt stoßen wir auf einen wahrhaft deutschen Patrioten an«, erklärt er. Mein Gott, schon wieder Hitler, denke ich. Aber es kommt anders: »Wir trinken nun auf Frank Schubert, der im Dienst für den deutschen Befreiungskampf sein Leben geopfert hat«, ruft Percy.

Einige Leute von den Nebentischen im »Bumerang« gucken irritiert zu uns herüber.

Percy erzählt unbeeindruckt weiter, daß sie sich mit Schubert nach einem Treffen bei der »NS-Kampfgruppe Müller« in Mainz angefreundet haben. Der mehrfach vorbestrafte Neonazi Frank Schubert hatte am Weihnachtsabend 1980 an der deutsch-schweizerischen Grenze einen Zöllner und einen Polizisten ermordet und sich dann selbst erschossen. Das Mitglied der rechtsextremistischen »Volkssozialistischen Bewegung Deutschlands« (VSBD) war dort beim Waffenschmuggel ertappt worden.

»Letztes Wochenende«, fährt Percy fort, »haben wir mit 30 Leuten einen Frank-Schubert-Gedächtnismarsch durch den Taunus gemacht. 40 Kilometer sind wir marschiert, dann haben wir an einer deutschen Eiche eine Frank-Schubert-Gedächtnistafel angenagelt, verziert mit einem schönen großen Hakenkreuz.«

Wir stoßen an. Dann hebt Percy das Glas noch einmal — »zum patriotischen Toast auf Arndt Marx, den Freiheitskämpfer im Exil.« Marx, Führer des Frankfurter »Sturm 7« der Wehrsportgruppe Hoffmann, tauchte kurz vor dem Münchner Bombenattentat mit Frank Schubert in den Untergrund ab. Er wurde als einer der möglichen Helfer des Oktoberfest-Attentäters Gundolf Köhler gesucht. Die Polizei vermutete ihn danach im Libanon.

Percy kommt ins Erzählen. Er ist studierter Jurist, ein ehemaliger Gerichtsreferendar, der sich jetzt auf Kosten des Arbeitsamts zum Schreiner umschulen läßt. »Was ich nicht alles gemacht habe in meinem Leben«, sin-

Bomben für Neger – der Chef des deutschen Ku-Klux-Klan (rechts) ist mit Gefolgsleuten vor einer Wasserburg in der Eifel aufmarschiert

»Zweite Hauptkampflinie des Klans in Europa« – Gerhard Kromschröder
mit deutschen Kapuzenmännern beim Marsch durch das Eifeldorf Bruch

**»Gemeinsam mit unseren amerikanischen Kameraden kämpfen wir gegen
alles Fremdrassige«** – geheimes Quartier des Ku-Klux-Klan in Wiesbaden

Für das

**Der Klan als rechtes Sammelbecken –
NPD-Verbindungsmann Pauken**

**Konspiratives Treffen – Klan-Werbe-
chef Schwencke mit Kromschröder**

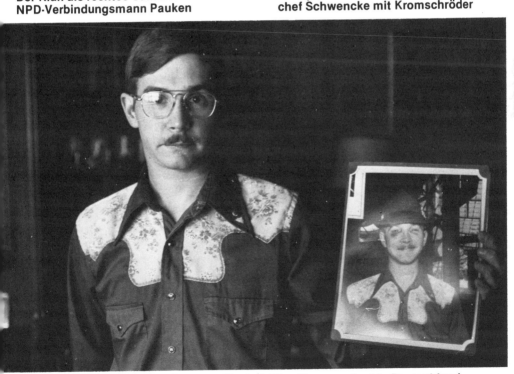

**Dirigiert US-Atombomber – Sergeant Kachel, Klan-Kommandant in Deutschland,
mit einem Foto, das ihn nach einer Schlägerei mit Farbigen in Stuttgart zeigt**

»Wir stehen vor einem neuen Rassenkrieg« – ein von Ku-Klux-Klan-Mitgliedern
abgebranntes Klan-Kreuz in der US-Garnison von Bremerhaven

niert er, »ich war sogar schon Goldschmuggler in Indien, und dann dieses Berufsverbot, weil ich nationaler Sozialist bin.«

Percy hebt sein Glas. »Vielleicht lag es aber auch am Gerstensaft«, meint er resignierend, »obwohl doch da viel mehr Wasser als Alkohol drin ist.« Das Stichwort Wasser bringt den leicht Angesäuselten auf seine Lieblingsidee, die er an diesem Abend noch mehrmals wiederholt: »Ein Fingerhut ausgesuchter Bakterien in jedes deutsche Wasserwerk, und die Leute würden wie die Fliegen umfallen. Nur die Widerstandsfähigsten würden übrigbleiben. Kein Jud und kein Nigger würde überleben. Und aus den vielleicht tausend Deutschen, die nach dieser natürlichen Auslese noch da sind, wird sich die neue nordische Rasse bilden.« Percys Endzeit-Vision mit Götterdämmerung.

Schäfer unterbricht ihn. »Das ist doch absoluter Schwachsinn«, schimpft er. Percy kontert aufgebracht: »Was ihr mit eurem bewaffneten Kampf habt, das bringt doch nichts. Da nimmt euch doch die Polizei gleich hopps.« Berndt Schäfer hat seine Erfahrungen mit der Polizei. Sein richtiger Name ist, wie ich später erfahre, Thomas Schwencke.

Erst wenige Tage vor meiner Klan-Prüfung ist der 18jährige wegen Nazi-Propaganda zu einer Jugendstrafe von acht Monaten verurteilt worden — auf Bewährung. Er hatte in Wiesbaden Zettel mit dem Aufdruck »Kauft nicht bei Juden« und »Rotfront verrecke« geklebt und ein Hitler-Bild mit dem Spruch »Junge, komm bald wieder«. Vor Gericht habe er nicht klein beigegeben, erzählt Schwencke stolz. »Die wollten mich als politischen Wirrkopf hinstellen. Dabei bin ich überzeugter Nationalsozialist. Der Jugendrichter hat vielleicht Augen gemacht, als ich ihm gesagt habe: Für mich ist Adolf Hitler der größte Staatsmann aller Zeiten.« Gleichgesinnte fand er in der »Nationalen Deutschen Arbeiter-Partei« (NDAP) — nur ein fehlender Buchstabe unterscheidet sie formal von Hitlers NSDAP —, für die in der Bundesrepublik »alles im Rahmen der zionistischen Grundordnung abläuft.« Auf Schwenckes Empfehlung werde auch ich in diese neue Nazi-Partei aufgenommen und avanciere dort sogleich zum »Landesbeauftragten für Hessen«, weil ich nach Ansicht des NDAP-Parteiführers Stubbe »ein sehr gutes Deutsch schreibe«.

Inzwischen ist Thomas Schwencke Mitglied beim Ku-Klux-Klan. Zuerst hat er in der Wiesbadener Siedlung der US-Armee Hakenkreuze und Ku-Klux-Klan-Parolen gemalt (»Jews beware«). Dann ist er mit gezückter Gaspistole bei einer Versammlung Linker in Wiesbaden aufgetaucht. Jetzt

157

will er aber eine härtere Gangart einlegen. »Ich hab' mir eine 08-Pistole be-
schafft. Wenn diesmal wieder Kommunisten das Deutschland-Treffen der
NPD am 17. Juni stören wollen, dann... «, er stößt mich in die Rippen und
zielt über Daumen und Zeigefinger.

Eine Japanerin und ihr deutscher Freund setzen sich an den Nebentisch.
»Rassenschande«, murmelt Percy in sein Bierglas. »Rumräsonieren bringt
nichts«, meint Schwencke, »wir müssen uns an das halten, was die Linken
immer sagen: Nur Propaganda der Tat zählt. Da sollten wir uns an der
›Rassistischen Liga‹ in Kassel ein Beispiel nehmen.« — Später lese ich, daß
in Kassel die Autos von zwei türkischen Gastarbeitern in die Luft ge-
sprengt wurden.

In der Stadt werden Flugblätter mit folgendem Text gefunden: »Ausländer raus! Deutschland den Deutschen!« Verfasser ist eine »Rassistische Liga«. Kurz darauf werden vier tatverdächtige Liga-Mitglieder verhaftet. Die
Neonazis geben die Anschläge zu. In ihren Wohnungen entdeckt die Polizei Waffen und Material zum Bombenbauen.

Fünf Tage später findet in Bruch in der Eifel, dem Sitz der europäischen
Klan-Zentrale, das monatliche »Klan-Meeting« statt. Als Neuzugang bin
auch ich zugelassen.

Die 400-Einwohner-Gemeinde ist 20 Kilometer von der Mosel entfernt.
Am Salmbach, der von Norden kommend durch den Ort plätschert, liegen die zwei Kneipen von Bruch, in denen das Schnitzel noch sechs Mark
50 kostet. Im Süden die 600 Jahre alte Wasserburg der Grafen von Kessel-
stadt. Im Dorf alte, schiefergedeckte Häuser. Am Hang des Talkessels, un-
terhalb der bewaldeten Höhe, ein Dutzend Neubauten. In einem davon
wohnt der amerikanische Klan-Mann Murry M. Kachel, »European Orga-
nizer« und Klan-Kommandant für Deutschland. Er ist Sergeant der US-
Air-Force. Im zehn Kilometer entfernten Flugplatz Spangdahlem sitzt er
als Fluglotse im Tower und dirigiert US-Jagdbomber, die mit Atombom-
ben beladen sind.

Die amerikanischen Streitkräfte tun sich schwer mit Soldaten, die dem
rassistischen Klan angehören. Zwar ist den GI's politische Enthaltsamkeit
im Dienst auferlegt. Doch die Mitgliedschaft in nicht verbotenen Parteien
und Organisationen ist ihnen, wie in der Bundeswehr, nicht verwehrt.
Und der Klan ist in Amerika trotz seiner Rassenhetze eine legale Vereinigung. Denn in den USA gibt es, im Gegensatz zur Bundesrepublik, keinen
Paragraphen, der Volksverhetzung unter Strafe stellt.

Die US-Army ist ängstlich darauf bedacht, als jener Teil der amerikanischen Gesellschaft zu gelten, in der es die wenigsten Rassendiskriminierungen gibt. Deshalb werden die Aktivitäten des Klans offiziell immer wieder heruntergespielt und vernebelt. Als in einer bayerischen US-Garnison ein Klan-Kreuz brannte, wurde »wegen Zerstörung von Regierungseigentum« ermittelt. Auf dem Militärflugplatz Spangdahlem, wo auch Klan-Chef Kachel stationiert ist, wurden zwei schwarze Soldaten mit Strychnin im Kaffee schwer vergiftet — doch der Anschlag wurde als »Unfall« deklariert. Eine blutige Schlägerei zwischen Farbigen und Ku-Klux-Klan-Mitgliedern in Bitburg ging als »tätliche Auseinandersetzung zwischen Army- und Air-Force-Angehörigen« in den Bericht der Militär-Polizei ein. Und drei Männer und eine Frau, die hinter dem Schießklub des US-Flugplatzes Bitburg ein Flammenkreuz entzündeten, wurden lediglich wegen »Trunkenheit und Störung der Nachtruhe« vorübergehend festgenommen.

Dabei findet der Ku-Klux-Klan unter den Soldaten der US-Streitkräfte immer mehr Anhänger. Ein schwarzer Soziologe, der in Bamberg stationierte Sergeant James Tarver, untersuchte über ein Dutzend US-Stützpunkte in der Bundesrepublik und schickte den Bericht ans US-Hauptquartier in Heidelberg. Sein Fazit: »In den letzten Monaten tauchen verstärkt Klan-Flugblätter auf, werden Schwarze durch Provokationen eingeschüchtert, brennen Klan-Kreuze in US-Kasernen, werden Schwarze von weißen Rassisten überfallen und zusammengeschlagen — doch das Oberkommando schweigt dazu.«

In einem internen Untersuchungsbericht über die Situation im 52. Taktischen Jagdgeschwader in Spangdahlem, in dem auch Klan-Boß Murry M. Kachel Dienst tut, heißt es dazu: »Der Ku-Klux-Klan ist gesund und munter in der Eifel.« Allein an der Mosel, so schätzen die Autoren des Papiers, hat die Rassisten-Organisation über 300 US-Mitglieder.

Ku-Klux-Klan-Chef Murry M. Kachel wirkt auf den ersten Blick eher schüchtern. Ein schlanker, 27jähriger Mann mit randloser Brille und dunklem Oberlippenbart. Er kann leidlich Deutsch, hat den deutschen Jagdschein gemacht und bläst das deutsche Jagdhorn. In seinem Schlafzimmer hängen Urkunden von seinem Chef, dem »Grand Dragon« (Großer Drache) in der amerikanischen Klan-Zentrale in Louisiana.

Auf seinem Bett liegen sieben Gewehre. Er nimmt seine »Winchester«, lädt sie mit einem entschlossenen Griff durch. Jetzt wirkt er schon eher wie John Wayne. »Machen wir uns nichts vor«, sagt er mir, »wir stehen vor einem neuen Rassenkrieg. Und darauf müssen wir vorbereitet sein. Die weiße Rasse muß wieder zu ihrer alten Größe zurückfinden. Ihr Deutschen habt eine lange rassenbewußte Tradition, davon können sogar wir Amerikaner etwas lernen.« Seine Aufgabe: »Deutsche Kameraden zu rekrutieren, um in Europa eine zweite Hauptkampflinie des Klans aufzubauen«.

Es klingelt. Draußen stehen drei junge Deutsche. »Heil Hitler«, sagt der Jüngste von ihnen. Am Koppelschloß trägt er einen SS-Totenkopf. »Ich bin ein wohlgelittener Bürger hier«, sagt Kachel, »wenn ich mit meinen Freunden unten im Dorf auftauche, denkt sich niemand was Böses dabei.« Hermann, ein etwas dicklicher blonder Mann, ergänzt: »Der Wirt der ›Brückenschenke‹ hat uns ja erst für eine religiöse Sekte gehalten, dann haben wir ihn aber aufgeklärt, daß wir die deutsche Sektion des Ku-Klux-Klan sind. Seitdem ist er viel freundlicher, wenn wir uns bei ihm im Saal versammeln.« Hermann Pauken ist NPD-Vorsitzender von Koblenz und stellvertretender Landesvorsitzender in Rheinland-Pfalz. Sein Job ist es — so Kachel — »als Verbindungsmann zur NPD zu arbeiten«. Ich bin ihm schon bei gewalttätigen NPD-Demonstrationen in Frankfurt und Göttingen begegnet. Zum Glück erkennt er mich nicht.

Während Kachel in der Küche hantiert, erzählt mir Hermann von der NPD, daß es ihm erst schwergefallen ist, den Klan-Eid nachzusprechen: »Da kommt so'n Zeug vor wie Demokratie, mit der wir ja nun wirklich nichts am Hut haben. Aber dafür haben die Amis eine klare Rassenaussage. Die Rechte in Deutschland ist ja völlig zersplittert, vielleicht kann der Klan ja zu einer neuen rechten Sammelbewegung in Deutschland werden.« Wilfried, der Junge mit dem SS-Koppelschloß, ergänzt: »Die haben eine bombige Organisation, alles was recht ist. Und Geld haben die auch. Mit den Amis aus dem Klan kann man wirklich gut zusammenarbeiten, obwohl wir uns natürlich keine Illusionen machen dürfen: Die sind hier Besatzungsarmee und haben uns die ganze Umerziehung beschert.«

Er bricht ab. Kachel ist mit einem Bündel Zeitschriften hereingekommen. In der Klan-Zeitung »Crusader« (Kreuzritter), die mir Kachel gibt, lese ich unter der Überschrift »Eine weiße oder eine gemischtrassige Zukunft?«, daß der Neger eine »Kreatur halb Kind und halb Tier« ist. Verbindungen zu Neonazis, so erfahre ich, bestehen bereits nach England zur faschistischen »League of St. George« und zur belgischen Terror-Organisation »Vlaamse Militante Orde«. »Nicht nur die Nigger«, belehrt

Kachel seine deutschen Gefolgsleute, »gerade der Jude ist unser Feind.«
Aber davon sind die ja eh überzeugt.

»Allerhand gute Judenliteratur«, sagt Wilfried neben mir anerkennend
und zeigt auf den Bestellzettel des »Crusader«-Buchdienstes. Da gibt's
nicht nur »Mein Kampf«, diverse Goebbels-Bücher und »Den Hitler, den
wir liebten und warum«, sondern auch die antisemitischen Longseller
»Der Ewige Jude« und »Die Ritualmorde der Juden«. Und unter der Rubrik »Selbstverteidigung und Überleben« gibt es eine Anleitung für den
Bau von Menschenfallen, ein »Handbuch für selbstgebastelte Munition«
und die Bombenbauer-Fibel »Chemie des Pulvers und der Explosionsstof-
fe«. »Das werde ich mir beschaffen«, sagt Wilfried und schreibt sich die Be-
stellnummer ab.

Kachel und seine deutschen Freunde ziehen ihre Klan-Kostüme über —
eine weiße spitze Kapuze mit Augenschlitzen und einen weißen Mantel.
Darauf ist das Klankreuz mit einem Blutstropfen in der Mitte gestickt. Wir
fahren zur Wasserburg von Bruch. Unterwegs kommt uns in einem Opel
Kadett ein farbiger US-Soldat entgegen. Er sieht die weißen Kapuzenmän-
ner, zuckt zusammen und fährt vor Schreck fast aus der Kurve. »Dem haben wir's aber gezeigt«, gluckst Kachel. »Was meint ihr aber«, ruft Wilfried, »wie blöd der schwarze Affe erst guckt, wenn ich ihm ein kleines
Bömbchen unter seinen klapprigen Kadett gelegt habe. Das gibt eine Gau-
di.« Die weißen Herrenmenschen lachen.

Oberkommissar Rainer Schulz von der politischen Abteilung der zu-
ständigen Kriminalpolizei in Trier hält die Klan-Aktivisten in der Eifel für
harmlose Bürger: »Natürlich wissen wir, daß sich der Ku-Klux-Klan ab
und zu in dem Ort trifft. Aber das ist für uns nicht beobachtungswürdig.
Wir kümmern uns ja auch nicht um Versammlungen der Bäckerinnung.«

*

Nachtrag: Nach Erscheinen der Reportage bildeten sich in Trier, Koblenz, Mainz und
Wiesbaden Bürgerinitiativen gegen den Ku-Klux-Klan. Die Behörden waren weniger aktiv. Das rheinland-pfälzische Innenministerium verhängte erst einmal Nachrichtensper-
re, das Hauptquartier der US-Streitkräfte in Europa verweigerte jeden Kommentar. Die
Heidelberger US-Zentrale ließ Washington Stellung nehmen. Dort versuchte ein Sprecher des Pentagons die Gefährlichkeit des Geheimbundes herunterzuspielen: »Wir begrüßen eine Mitgliedschaft von Soldaten im Ku-Klux-Klan zwar nicht ausdrücklich, aber
manche Leute haben ja auch etwas gegen Pfadfinder, obwohl das auch eine legale Organisation ist.« Eine Zusammenarbeit mit deutschen Neonazis sei unbekannt, und außerdem

habe der Klan gar keine Organisation in Deutschland. Dennoch wurden später alle Kommandeure der deutschen US-Garnisonen in internen Rundschreiben über den Ku-Klux-Klan angewiesen, »Teilnehmer an Rassenaktivitäten eingehend ins Verhör zu nehmen«. Als der Mainzer Innenminister Kurt Böckmann die Sprache wiedergefunden hatte, bestritt er im Fernsehen, was Kromschröder recherchiert hatte. Die deutschen Klan-Gefolgsleute seien versprengte Einzelgänger, es bestehe keine organisierte Zusammenarbeit zwischen Neonazi-Gruppen und den amerikanischen Rassisten. Außerdem, so der Minister, sei die Terrorgruppe »Ku-Klux-Klan West Germany« keine kriminelle Vereinigung. Ihm lägen keine »Erkenntnisse über strafrechtlich relevante Tatbestände vor« — obwohl der Klan in Deutschland offen verbotene Rassenhetze betreibt, in Anschläge verwickelt ist und obwohl deutsche Rechtsradikale bereits in Amerika direkt mit dem Ku-Klux-Klan Verbindung aufgenommen haben. So beweist ein dem Autor vorliegendes Dokument, daß in den USA bereits mehrfach entsprechende Kooperationsverhandlungen geführt wurden. Deutscher Verhandlungspartner bei diesen Geheimtreffs: der Neonazi-Führer Manfred Röder, dem die Bundesanwaltschaft die Gründung einer terroristischen Vereinigung und die Beteiligung an mehreren, zum Teil tödlichen Bombenanschlägen gegen Ausländer vorwirft (siehe auch Nachtrag zu »Die Beichte«).

Nach Mainz stellte sich auch das Bonner Innenministerium dumm. Der SPD-Abgeordnete Klaus Thüsing hatte wissen wollen, was eigentlich noch geschehen müsse, bis bei rechtsradikalen Terrororganisationen wie dem »Ku-Klux-Klan West Germany« das Bundeskriminalamt und die Bundesanwaltschaft eingeschaltet würden. Im Bundestag antwortete der Sprecher des Innenministeriums, dazu reichten die seiner Behörde vorliegenden Erkenntnisse nicht aus.

Inzwischen sind Kromschröders Recherchen nachgeprüft worden. Sie haben sich bestätigt. Gegen die deutschen Klan-Nazis wird wegen illegalem Waffenbesitz, Volksverhetzung und Aufforderung zu Gewalttaten ermittelt — unter anderem gegen den deutschen Klan-Werbechef Thomas Schwencke aus Wiesbaden und gegen den Abgesandten der NPD im Ku-Klux-Klan, Hermann Pauken aus Koblenz. Ihr Klan-Boß Sergeant Murry M. Kachel braucht keine Strafverfolgung zu fürchten. Mit Duldung der Behörden hat er sich längst nach Amerika in Sicherheit gebracht, wo er unbehelligt auf der Laughlin Air-Force-Base in Texas Dienst tut.

Gegen die vier Mitglieder der mit dem »Ku-Klux-Klan West Germany« verbundenen »Rassistischen Liga« aus Kassel, die Bombenanschläge auf die Autos von Türken gemacht hatte, erhebt die Staatsschutzkammer des Landgerichts Frankfurt Anklage.

Die »Nationale Deutsche Arbeiter-Partei« (NDAP), deren Führungskader Klan-Werbechef Thomas Schwencke angehört und zu deren »Landesbeauftragtem für Hessen« Kromschröder als Klan-Mitglied ernannt worden war, löst sich nach der Veröffentlichung von Kromschröders Reportage offiziell auf. Die militante Neonazi-Gruppe schließt sich jedoch mit ihrer gesamten Mitgliedschaft der »Volkssozialistischen Bewegung Deutschlands« (VSBD) an. Bei einem Feuergefecht zwischen Polizei und Volkssozialisten werden einige Monate später in München zwei VSBD-Mitglieder getötet. Sie waren auf dem Weg zu einem weiteren Banküberfall, wo sie sich Geld für neue terroristische Aktivitäten beschaffen wollten.

Hitlers
neue Gurus

Wir sitzen im Kreis. Die Frauen tragen lange weiße Kleider, die Männer schwarze Kittel und schwarze Kniebundhosen. Das diffuse Licht der Abendsonne fällt durch die farbigen Wappenzeichnungen der Saalfenster. In unserer Mitte kauert ein Schäferhund, den Kopf auf den Boden gedrückt. Die Dielenbretter vor seiner Schnauze sind von seinem Atem beschlagen.

»Hunde«, sagt Großmeister Adolf, »spüren viel besser als wir Menschen, wenn fremde Mächte versuchen, Spione in unseren magischen Zirkel einzuschmuggeln.« Verunsichert blicke ich zu dem schwarzen Hund hinüber.

Doch »Tasso« blinzelt nur verschlafen. Großmeister Adolf sieht mich an: »Wir begrüßen einen neuen Ordensbruder. Wir nehmen jetzt die Hand unseres Nachbarn und bilden Wotans Zauberkreis, der unserem neuen Mitglied arische Erleuchtung bringen wird.«

Mit dieser Aufnahmezeremonie habe ich die höchsten Weihen der »blonden arisch-heroischen Rasse« empfangen, der »intellektuell und ethisch höchststehenden Rasse der Erde«. Sie ist das Ergebnis »tausendjähriger Reinzucht, vielleicht auch als Folge der Mischung mit Engeln, die damals vom Himmel herkamen«. Jetzt bin ich »arischer Lichtträger und Sonnenpriester Wotans«.

»Religion«, sagt Großmeister Adolf, »kann man sich nicht aussuchen wie eine Parteimitgliedschaft. Religion ist rassebedingt, und für den Arier ist die germanische Urreligion der einzige ihm artgemäße Glaube.« Wir halten Thing auf Burg Gleiberg bei Gießen, über tausend Jahre alt. Unter dem grauen Gemäuer, so sagt Großmeister Adolf der andächtigen Arier-Runde, »liegt eine Wotan-Kultstätte aus germanischer Vorzeit, die positiv ausstrahlt auf unseren Heiligen Kreis«.

Tasso räkelt sich, steht auf. Er kommt auf mich zu, trottet an mir vorbei und läßt sich von seinem bärtigen Besitzer rechts neben mir streicheln. Es beginnt zu dämmern. Zwei mit Runen verzierte Kerzen sind jetzt die einzige Lichtquelle. Sie stehen auf dem Altar am Ende des Saales. Links hängt ein Heiligenbild Wotans, rechts eine Zeichnung der Göttin Frigga. In der Mitte steht die ein Meter hohe geschnitzte »Irminsul«, das Symbol des Wotan-Glaubens. Sie sieht auf den ersten Blick wie eine Armbrust aus und soll die Weltsäule symbolisieren, die den Himmel stützt. Auf dem Altar liegen Blumen und Äpfel, Räucherstäbchen brennen.

Mit der Errichtung des Altars, so habe ich in der Gottesdienstordnung gelesen, ist der Rittersaal von Burg Gleiberg »nicht mehr als ein gewöhnlicher Raum zu betrachten, sondern als ein den Göttern geweihter Tempel«. Für den Umgang mit unseren germanischen Gottheiten gilt als Faustregel »das übliche Verhalten, das man als Gast eines geschätzten Vorgesetzten an den Tag legen sollte«.

»Unser alter Glaube«, sagt Großmeister Adolf in die wachsende Dunkelheit hinein, »ist wie diese Burg: von Feinden oft zerstört, aber mit zähem Willen immer wieder aufgebaut. Jetzt findet unser Germanen-Glaube ständig neue Anhänger...« Es rumort über unseren Köpfen, wir zucken zusammen. Die Worte des Großmeisters sind nicht mehr zu verstehen. Ein Düsenbomber jagt im Tiefflug vorbei, die Scheiben scheppern, die Ohren schmerzen. Mit dem Düsenlärm wird mir bewußt, wo ich bin: mitten in Deutschland, mitten im zwanzigsten Jahrhundert — und mitten im inneren Führungszirkel des neugermanischen »Armanen-Ordens«.

Mit mir werden zwei weitere Novizen in den Arier-Bund eingeführt. In der Ordensrunde sitzen sie mir gegenüber. Es sind Hans-Joachim, ein 17jähriger, blasser Schüler, und Thomas, 18 Jahre alt und Schlosser, der sich wegen des Düsenlärms jetzt die Ohren zuhält. Hans-Joachim trägt eine grüne Uniformjacke mit Hakenkreuz und Reichsadler.

Die beiden, so erfahre ich später, gehören zur »Nationalen Jugend Ostfrieslands« (NJO), die in »Wehrsport-Lagern« unter Anleitung erfahrener SS-Leute den Umgang mit Waffen übt. Besonderer Höhepunkt im Trainingsprogramm der schwarzuniformierten Neonazi-Truppe: das »Judenverbuddeln«. Dabei muß sich einer der Jungen nackt ausziehen. Ihm wird

ein Judenstern auf die Brust gemalt. Dann wird er bis zur Brust in ein Erd-
loch eingegraben, und die anderen Jungen müssen ihn malträtieren.

Ziel dieser Folter-Übung: einerseits die Bereitschaft der Jung-Nazis zu
testen, Befehle bedingungslos auszuführen — auch hilflosen Kameraden
gegenüber —, andererseits die Schmerzempfindlichkeit des Opfers im Erd-
loch zu ergründen.

Hans-Joachim Bayerer und Thomas Hamphoff, mit denen ich jetzt im
Armanen-Zirkel auf Burg Gleiberg sitze, waren Waffenübungen und KZ-
Spiele auf die Dauer nicht realistisch genug. Sie wollten wirklich kämpfen
— und tauchten vor Monaten nach Süddeutschland in den rechten Untergrund ab. Seitdem agieren sie in einer »Kampfeinheit Nationaler Soziali-
sten« im Dunstkreis der »Volkssozialistischen Bewegung Deutschlands«
des unter Terrorismus-Verdacht festgenommenen Friedhelm Busse, der
Hitler für eine »herausragende historische Persönlichkeit« hält.

Für den Armanen-Novizen Thomas Hamphoff ist Hitler sogar »ein Ge-
nie", und er sagt: »Die Ideologie, die Adolf Hitler vertreten hat, die vertrete ich auch.« Sein Mitkämpfer Hans-Joachim Bayerer orientiert sich wie er
an der Rassenlehre des Dritten Reiches: »Bei den Juden ist es so, daß ich
diese Rasse als minderwertiger ansehe als die nordische Rasse« — und darin
werden die beiden Jung-Nazis in dem arischen Rasse-Verein der Armanen
nur bestätigt.

Nach mir erhalten nun auch Thomas und Hans-Joachim die Weihen der
nordischen Ordensgemeinschaft. »Bei einem einzigen Thing drei neue
Mitglieder«, sagt Großmeister Adolf feierlich und entzündet ein neues
Räucherstäbchen, »das zeigt, daß immer mehr germanische Menschen zu
Wotan zurückfinden. Möge uns auch die Zukunft so viele neue Glaubens-
brüder bescheren wie in den letzten Monaten vor diesem Thing.«

Doch nicht nur die Armanen, auch andere braune Religionszirkel haben
Hochkonjunktur. Hitlers neue Wotans-Jünger nennen sich Gylfiliten,
Goden-Orden, Heidnische Glaubensgemeinschaft und Artgemeinschaft.

»Der harte Kern der neuen Rasse-Religionen«, so schätzt der Münchner
Sekten-Experte Pfarrer Friedrich-Wilhelm Haack, »besteht inzwischen
aus über 1500 Leuten«. Neben unverbesserlichen Alt-Nazis und schwär-
merischen Germanentümlern haben die Arier-Sekten jetzt vor allem Zulauf von jungen gewalttätigen Neonazis, die sich dort die höheren Weihen
für ihre Aktionen gegen Ausländer, Juden und Demokraten versprechen.
Friedrich-Wilhelm Haack: »Wenn sich politisch extremes Handeln auch

165

noch religiös begründen läßt und göttliches Sendungsbewußtsein dazu-kommt, fallen die letzten Schranken.«

So geben sich die wotangläubigen »Gylfiliten« besonders kämpferisch. Bei Treffs werden Waffen geweiht und auch mal Verräter symbolisch ver-brannt — »an einer Holzstange nach altem Brauch in luftiger Höhe«. »Gyl-filiten«-Oberpriester Wolfgang Kantelberg aus Krefeld ist Gründungsmit-glied der unter Terrorismus-Verdacht stehenden »Volkssozialistischen Be-wegung Deutschlands« (VSBD).

Im Hakenkreuz sehen die »Gylfiliten« ein »religiöses Heils- und Medita-tionszeichen«. Sie sind überzeugt, daß »Adolf Hitler an der Heldentafel Odins seinen herrlichen Platz im Himmel Walhalla« erhalten hat. Er ist ei-ner ihrer »Fürsprecher vor den Göttern«, den sie mit den Worten anrufen: »ADOLF, bete zur Einheit Deutschlands!«

Bei geheimen »Gylfiliten«-Treffs schirmt eine »Wehrsportgruppe« von VSBD-Chef Busse den Thingplatz ab. Dafür revanchiert sich »Gylfiliten«-Führer Kantelberg mit »religiösen Seminaren«, die er bei den Jung-Nazis hält, und mit einem Gebet für Nazi-Terroristen: »Ziehen wir die soge-nannten Neofaschisten in unsere Gedanken ein, welche gleich unseren heidnischen Märtyrern nur wegen ihres Glaubens verfolgt werden.«

Der »Goden-Orden« ist mit 400 Mitgliedern die schlagkräftigste Germanen-Truppe. Der Orden will an das »Glaubensleben der arischen Vorväter« anknüpfen, weil »die aus dem Jüdischen hervorgebrachte christliche Religion dem Streben unserer Seele so sehr entgegensteht.« Die »Goden«-Maxime lautet: »Alles, was deutsch heißt, ist für uns heilig und unantastbar.«

Auf der Terrasse seines Hauses in Herborn im Westerwald sitze ich dem Ingenieur Günther Gabke gegenüber. Er verwaltet das »Ur-Goden-Kanzler-Amt«. Ich bin als Novize in den Orden eingetreten, um nach ein-jähriger Probezeit zum »Gralsritter« zu avancieren. In meinem »Goden-Schulungsbrief Nr. 5« habe ich gelesen, warum die »Sechs-Millionen-Vergasungslüge« jeder Grundlage entbehrt: »Nach zuverlässigen Zahlen des Internationalen Roten Kreuzes sind zwischen 1939 und 1945 138 000 Juden, einschließlich der normalen Sterbefälle und Kriegsverluste, gestor-ben.«

Herr Gabke gibt mir das Buch »Frömmigkeit nordischer Artung«. »Das ist Pflichtlektüre für jeden angehenden Goden-Ritter«, ermahnt er mich. Der Autor Professor Hans Günther war der führende »Rassehygieniker«

»Kraftaufladung an Bäumen« –
»Armanin« und Kromschröder

»Arische Erleuchtung« – ein
Kulttanz zu Ehren Wotans

»Arische Lichtträger und Sonnenpriester Wotans« – »Runen-Gymnastik«
beim »Armanen«-Thing im Rittersaal der hessischen Burg Gleiberg

»Semiten haben einen Dreiecksschädel« - Rassekundler Bucher

»Heils- und Meditationszeichen« - Vortrag über das Hakenkreuz

»Sie haben die arischen Idealmaße« - Sektengründer Bucher an den Externsteinen bei Detmold beim »Vermessen« des neuen Mitglieds Kromschröder

»Adolf Hitler als echte Chance für die achtziger Jahre« – Heinz Bucher und Kromschröder beschwören die Geister einer Quelle im Pfälzer Wald

»Juden sind minderwertiger« – »Armanen«-Mitglied Hans-Joachim Bayerer (rechts) mit der »Nationalen Jugend Ostfrieslands« beim »Judenverbuddeln«

»Adolf Hitlers Ideologie vertrete ich auch« – die »Armanen«-Mitglieder
Bayerer und Hamphoff in den Uniformen ihrer »Nationalen Kampfeinheit«

»Wir schaffen das neue Reich, egal, was es kostet – auch nächstes Jahr
ist Oktoberfest« – Mitglieder des Neonazi-Schlägertrupps »Werwolf«

der Nazis. Mit seinen Theorien des arischen Herrenmenschen schuf er die Rechtfertigung für die Nürnberger Gesetze, die Millionen Menschen in den Konzentrationslagern das Leben kosteten.

»Adolf Hitler«, sagt mir der Ober-Gode bei Kaffee und Apfelkuchen, »war der letzte große Staatsmann, der die Bedeutung der Rassenfrage erkannt hat.« Für die Ausländer, die »unser nordisches Rassenerbe durch Vermischung bedrohen«, hat der ehemalige NPD-Funktionär folgendes Rezept: »Wir müssen endlich dazu kommen, daß wir den Türken hier die Häuser anzünden und Bomben auf die Fabriken werfen, in denen sie arbeiten.«

Die »Heidnische Glaubensgemeinschaft Deutschlands« ist die jüngste Wotan-Sekte. Gegründet wurde sie von dem Mannheimer Werbeartikel-Hersteller Heinz Bucher. Vorher trat er aus der NPD aus, weil sie ihm nicht radikal genug war. Seitdem nennt er sich »Groß-Gode Manhart«. Ich treffe Heinz Bucher im Teutoburger Wald, wo er die Externsteine bei Detmold »heiligsprechen« will. Die vier hochaufragenden Sandsteinfelsen mit ihren künstlerischen Höhlen und eingemeißelten Reliefs sind für ihn eine »germanische Sternwarte« und »das älteste Zentrum urmenschlicher Mysterienkulte«.

Der Groß-Gode zeigt zum höchsten Punkt der Externsteine: »Dort oben stand die heidnische Irminsul, das heilige Symbol des Wotan-Glaubens. Karl der Große hat sie herabgestürzt. Seitdem haben wir das Christentum, eine jüdische Sekte mit einem jüdischen Gott.«

Wir klettern in eine der Höhlen in den Externsteinen. Dort muß ich mich mit hochgestreckten Armen in eine Vertiefung im Boden stellen — um »die an dieser Stelle besonders intensiven kosmischen Strahlen zu empfangen«. Dann muß ich mich als Neuzugang auch noch in eine in den Fels geschlagene Mulde legen, die die Form eines menschlichen Körpers hat — »zum Vermessen«.

Das Testergebnis scheint meinen Prüfer zufriedenzustellen. »Sie haben die arischen Idealmaße«, sagt Groß-Gode Manhart anerkennend. Damit bin ich in seinen Arier-Club aufgenommen.

Im »Ratskeller« von Horn-Bad Meinberg hält Manhart vor Anhängern einen »rassekundlichen Vortrag«. »Die Semiten«, sagt er, »haben einen Dreiecksschädel und kein Vorderhirn.« Ein armer Irrer, denke ich. Später wird er deutlicher: »Der Nationalsozialismus Adolf Hitlers«, sagt der Sekten-Chef, »ist eine echte Chance für die achtziger Jahre.« Und er sagt auch, was das Ziel seines Kult-Zirkels ist: »Wir wollen mit einem kämpferisch-germanischen Heidentum den jugendlichen Enthusiasten der neuen nationalen Bewegung den Rücken stärken.«

Ich frage den Groß-Goden, ob das auch für den Münchner Oktoberfest-Anschlag gilt. Dort wurden 13 Menschen getötet und über 200 verletzt. »Töten«, sagt Manhart, »kann durchaus eine Würdigung Gottes sein, weil Gott ja auch tötet.«

Die »Artgemeinschaft« ist die älteste Wotans-Gruppe. Sie versteht sich als »Auslese-Gesellschaft« zur »Bewahrung und Erneuerung der Weißen Menschenart«. Ich besuche den Sekten-Gründer Dr. Wilhelm Kusserow in Berlin-Lichterfelde. In seinem Wohnzimmer steht ein dreiteiliger »Irminsul«-Altar. Seit einem halben Jahrhundert betreibt er Rasseforschung. »Semitisch-arische Kreuzungen« hält er für »katastrophal«. Ein bißchen »europäische Blutmischung« findet er dagegen durchaus positiv. So bewundert er an Bismarck dessen »fälisch-ostischen Züge«, an dem Dichter Rainer Maria Rilke das »in gewisser Weise slawisch mitbestimmte Erscheinungsbild«, und Beethoven hält er für einen großen Komponisten, obwohl der »fast ostisch« wirke.

Der 80jährige sieht nun sein Lebenswerk bedroht: Bei der letzten Vorstandssitzung der Artgemeinschaft wurde er als Vorsitzender gestürzt. »Da sind jetzt schlimme Leute dabei«, klagt der ehemalige Oberstudienrat, »gerichtsbekannte Neonazis und Leute von der Wehrsportgruppe Hoffmann. Die wollen die Artgemeinschaft für ihre radikalen politischen Ziele mißbrauchen.«

Rechtsvertreter des neuen Vorstandes ist ein Artgemeinschafts-Mitglied aus Hamburg, der Anwalt Jürgen Rieger. Er ist ein engagierter Jurist und ein rühriger Rasse-Experte. Sein Buch »Rasse — ein Problem für uns« ist als jugendgefährdend indiziert. Rechtsanwalt Rieger ist Vorsitzender der »Gesellschaft für biologische Anthropologie, Eugenik und Verhaltensforschung«, was sich recht wissenschaftlich anhört. Vor ein paar Jahren hieß der Arier-Verein des Rechtsanwalts eindeutiger: »Deutsche Gesellschaft für Erbgesundheitspflege«. In einem Prozeß gegen Rechts-Terroristen in Bückeburg wurde Rieger zeitweise als Verteidiger ausgeschlossen — wegen des Verdachts, eine terroristische Vereinigung zu unterstützen.

Unter den braunen Religions-Zirkeln hat der »Armanen-Orden« zur Zeit den größten Zulauf. Ich besuche Großmeister Adolf, der mich zusammen mit den beiden Jung-Nazis auf Burg Gleiberg in seinen Geheimbund aufgenommen hat, in seinem Haus in Ammerland am Starnberger See. Bürgerlich heißt er Adolf Schleipfer.

Herr Schleipfer lebt alternativ. Auf den ersten Blick wirkt er fast friedlich. Früchte und Gemüse baut er biodynamisch in seinem Garten an. In seinem Haus gibt es kein Plastik, keinen Fernsehapparat. Es gibt keinen Alkohol und keine Zigaretten. Alle Kleider für die Kinder näht seine Frau Sigrun selbst.

Herr Schleipfer zeigt mir seinen selbstgebohrten Brunnen. »Heute braucht niemand mehr nach Indien zu fahren, wir haben genug eigene religiöse Traditionen in Deutschland«, sagt der Armanen-Führer. Er schenkt mir einen seiner selbstgezüchteten Salatköpfe. »Vor ein paar Jahren galten wir als Nazis, weil wir für das einfache Leben eintraten. Heute liegen wir mit unseren Ideen voll im Trend der Zeit.«

Herr Schleipfer zieht seine graue Strickjacke über und steckt sich den Knopf »Atomkraft? Nein danke!« mit der lachenden Sonne an. »Ich bin gegen Kernkraft, weil sie das Leben zerstört«, sagt er.

An der Heckklappe seines Volkswagen-Busses klebt das Erkennungszeichen der Nazi-Internationale, der Slogan »Nation of Odin« (Das Volk Wotans) und das Keltenkreuz. Es ist das Parteiabzeichen der Terrorismusverdächtigen deutschen »Volkssozialistischen Bewegung« sowie das Emblem des amerikanischen Ku-Klux-Klan und der rechten französischen Terror-Organisation FANE.

Wir fahren zu einer Sonnenwendfeier am Starnberger See, veranstaltet von der rechtsradikalen »Wiking-Jugend«. Der zehn Meter hohe Holzstapel wird angezündet. Flamme empor!

Vor mir, mit Fackeln in der Hand, eine Gruppe alter Männer, ehemalige SS-Leute der »Totenkopf«-Verbände. Diese Truppe erwarb sich besondere Meriten bei der Bewachung der ersten Konzentrationslager Adolf Hitlers.

Neben der Knobelbecher-Generation gleich die Turnschuh-Generation, junge Leute aus München. Mädchen in getigerten Satin-Hosen, die Haare scheckig bunt gefärbt. Jungen in glitzernden, langen Sakkos, engen Röhrenhosen und Teddy-Boy-Frisuren. Einige auch mit den verschlissenen Jeans-Jacken der Rocker, die Ärmel abgerissen. Auf den Rücken ist eingestickt: »Werwolf«. So nannte Hitler seine Guerilla-Truppe gegen die einrückenden Alliierten. Und mit »Werwolftrupps« wollte auch der in München erschossene »Volkssozialist« und Nazi-Terrorist Klaus Ludwig

Uhl den bewaffneten »Marsch auf Deutschland« antreten. So hatte er es in Paris im Exil angekündigt.

Die Mitglieder der »Werwolf«-Truppe am Sonnenwend-Feuer tragen schwarze Baretts mit dem SS-Totenkopf. »Diese Jungs«, sagt mir ein NPD-Funktionär, »sind unsere härteste Truppe. Die machen Kleinholz, wenn's drauf ankommt.« Hinter den adrett uniformierten Jungs und Mädles der Wiking-Jugend eine Handvoll junger Männer in schwarzer Montur: Lederjacke, Cordhose, Fallschirmjäger-Stiefel — Mitglieder der »Volkssozialistischen Bewegung«.

Das Feuer ist niedergebrannt, und gemeinsam singen alle — ehemalige SS-Leute, Wiking-Jugendliche, der alternative Großmeister Adolf, die Münchner Polit-Rocker, NPD-Funktionäre und Volkssozialisten: »Brüder im Osten und Westen, Brüder in Österreich! Aus den zerschlagenen Resten bauen wir ein neues Reich.«

Am Rande der Wiese steht ein alter Opel Kapitän, die Längsseite mit dem Punk-Spruch besprüht: DESTROY, zerstöre! Und lachend sagt mir ein junger »Werwolf«: »Wir schaffen das neue Reich, egal, was es kostet — auch nächstes Jahr ist wieder Oktoberfest.«